Ewald Flügel

Carlyles religiöse und sittliche Entwicklung und Weltanschauung

Zweiter Teil: Carlyles religiöse und sittliche Weltanschauung

Ewald Flügel

Carlyles religiöse und sittliche Entwicklung und Weltanschauung
Zweiter Teil: *Carlyles religiöse und sittliche Weltanschauung*

ISBN/EAN: 9783743476165

Hergestellt in Europa, USA, Kanada, Australien, Japan

Cover: Foto ©Lupo / pixelio.de

Manufactured and distributed by brebook publishing software (www.brebook.com)

Ewald Flügel

Carlyles religiöse und sittliche Entwicklung und Weltanschauung

Herrn Prof. Rudolf Hildebrand

und

Herrn Prof. Richard Paul Wülker

in

dankbarer Verehrung

Ich bin zu Leipzig geboren am 4. August 1863 als dritter Sohn des Privatgelehrten Dr. Felix Flügel und seiner Frau Pauline (aus dem Geschlechte Burckhardt Menckens). Den ersten Unterricht empfing ich an der Teichmannschen Privatschule, die ich Ostern 1874 mit der Nikolaischule vertauschte. Von allen Lehrern fühle ich mich Herrn Georg Berlit und dem Geh. Schulrat Prof. Theodor Vogel — damals noch Rektor der Nikolaischule — zu besonderm Danke verpflichtet.

Ostern 1881 bezog ich die Universität Freiburg im Breisgau, um daselbst mich dem Studium der deutschen Sprachwissenschaft zu widmen. Dem Herrn Prof. Hermann Paul, von dessen Seminar ich Mitglied war, verdanke ich die erste Anleitung zu diesen Studien. Seit Michaelis studirte ich in Leipzig germanische und besonders englische Philologie und bin in erster Linie dem Herrn Prof. Rudolf Hildebrand zu dauerndem Danke verpflichtet. Er hat, wie Prof. Wülker und Geh. Rat Zarncke, nächst meinem Vater, meinem ganzen wissenschaftlichen Streben erst die Bahnen gewiesen, durch Lehre und Vorbild.

Ferner hörte ich die Vorlesungen der Herren Professoren Biedermann, Drobisch, Hirzel, Springer und Wundt und allen diesen hochverehrten Männern spreche ich hiermit für Anregung und Förderung meinen herzlichsten Dank aus.

Von größeren Reisen unterbrachen meine Studien besonders drei nach England (1883, 1884 und 1886, mit längerem Aufenthalt in London und Schottland) und eine nach Griechenland 1885 (mit längerem Aufenthalt in Athen).

Ich möchte bei dieser Gelegenheit nicht versäumen, allen „überseeischen" Freunden und Gönnern für die vielfach in Anspruch genommene Hilfe meinen Dank zu sagen, in erster Linie Herrn Dr. Fred. J. Furnivall, dessen wissenschaftliche Bedeutung für jeden Philologen, höchstens von seiner Liebenswürdigkeit und Bereitwilligkeit anderen zu helfen erreicht wird.

Auch der Liebenswürdigkeit von Mrs. Alexander Carlyle, der Nichte Thomas Carlyles, bin ich zu großem Danke verpflichtet.

Inhalt

des zweiten Teiles

	Seite
Carlyles Glaube	3
Erster Abschnitt. Das mechanische Zeitalter	16
Zweiter Abschnitt. Carlyles Verhältnis zum Christentum. 1	19
Dritter Abschnitt. Carlyles Verhältnis zum Christentum. 2: Die Erscheinungsformen des Christentums	33
Vierter Abschnitt. Gott	43
Fünfter Abschnitt. Carlyles Stellung zur Wissenschaft, besonders zur Philosophie	46
Sechster Abschnitt. Carlyles Stellung zur Poesie und zur Kunst im Allgemeinen	60
Siebenter Abschnitt. Carlyles Stellung zur Geschichte	74
Achter Abschnitt. Carlyles Ethik	83

Zweiter Teil

Carlyles religiöse und sittliche Weltanschauung

Indisputably enough, what notion each forms of the Universe is the all-regulating fact with regard to him. *Latter-Day Pamphlets* 253.

Do you ask why misery abounds among us? I bid you look into the notion we have formed for ourselves of this Universe, and of our duties and destinies there. If it is a true notion, we shall strenuously reduce it to practice, — for who dare and can contradict his faith whatever, it may be in the Eternal Fact that is around him? and thereby blessings and success will attend ns in said Universe, or Eternal Fact we live amidst: of that surely there is uo doubt. *Ebenda* 252.

Carlyles „Glauben"

arlyle teilt im „Sartor Resartus" aus den Papieren des Professor Teufelsdröckh aus Weißnichtwo folgende Gedanken mit:

„Bei Leuten, welche gern Spekulationen anstellen, kommen Zeiten, nachdenkliche, süße und doch ernste Stunden, wo mit Verwunderung und Furcht sie sich — ohne Antwort zu finden — die Frage stellen: „Was bist du? Wer bist du, das Wesen, was sich »Ich« nennt?"

Die Welt mit ihrem lauten Geräusche und Verkehr verklingt in der Ferne, und durch alle Tapeten und Wände und Gewebe des Handels und der Politik und alle die lebendigen und leblosen Hüllen, welche die Gesellschaft und den Körper umgeben, mit denen dein Leben umringt ist, schaust du tief in den leeren Abgrund und stehst allein der Unendlichkeit gegenüber und verkehrst still und geheimnisvoll mit ihr: ein Geheimnis selbst — mit dem Geheimnis!

Wer bin ich? Was ist dieses Ich? Eine Stimme, eine Bewegung, eine Erscheinung, eine körperliche, sichtbar gewordene Idee des ewigen Geistes? Cogito, ergo sum! O weh, du armer Cogitator, das führt uns nicht weit von der Stelle. Sicherlich, ich bin und war vor kurzem noch nicht! Aber woher und wie und wozu bist du? Die Antwort liegt ringsum dir offenbart in allen Farben und Erscheinungen; in allen Jubeltönen und Trauerklängen offenbart, in der tausendgestaltigen, tausendstimmigen, harmonischen Natur; aber wo ist das verständige Auge und das verständige Ohr, für welches diese Gottesoffenbarung eine deutlich ausgesprochene Bedeutung hat? Wir befinden uns hier in einer unendlichen, schrankenlosen Traumgrotte — unendlich, denn der fernste Stern und das fernste vergangene Jahrhundert grenzt genau so wenig wie du an den Rand dieser Grotte: Klänge, Harmonien und vielfarbige Erscheinungen schweben auf und tanzen um unsre Sinne; aber Ihn, den nie Schlummernden, dessen Werk wir beide, Träumer und Traumgebilde selbst, sind, wir sehen ihn nicht, wir ahnen ihn nicht, außer in seltenen, halbwachen Augenblicken.

Die Schöpfung, sagt man, liegt vor dir, ein erhabener Regenbogen; aber die Sonne, die ihn erst erstehen läßt, ist uns verborgen! Und wir in diesem wunderbaren Traume heften uns an Schatten, als ob ein Schatten das Wahre sei! und schlummern am festesten, wo wir doch selbst uns für völlig munter und wach halten!

Welches von allen philosophischen Systemen ist denn keine Traumtheorie? wahrlich ein klarer Quotient, wo weder Divisor noch Dividend bekannt ist!" (Sartor S. 51.)

„Was ist der Mensch für das Auge der Logik? Ein alles verschlingender Zweifüßler, der Hosen trägt! Was ist der Mensch für das Auge der »reinen Vernunft«? Eine Seele, ein Geist, eine göttliche Erscheinung. Um sein geheimnisvolles »Ich« liegt verborgen unter allen Wollenzotteln eine Hülle des Fleisches (oder der Sinne), gewebt auf dem Webstuhle des Himmels; eine Hülle, durch die er erst für seinesgleichen geoffenbart wird,[*] durch die er mit denselben in Vereinigung und Trennung lebt und die Welt selbst schaut und sich vorstellt mit einem ewig blauen Sternenplane und langen Jahrtausenden von Jahren.

[*] Vergl. Anmerkung 90 des ersten Teils.

Tief verborgen ruht sein Wesen in diesem merkwürdigen Gewande der Sinne, rings umgeben von Farben und Tönen und Erscheinungen und gleichsam eingehüllt und unaufhörlich verbunden; doch ist es ein himmlisches Gewebe und eines Gottes würdig.[1]) Steht er nicht so im Mittelpunkte von Unendlichkeiten und an dem Punkte, wo Ewigkeiten in einander strömen? Er fühlt; er hat die Macht erhalten, zu erkennen und zu glauben! Und schaut nicht der Geist der Liebe frei in seiner himmlischen, uralten Frische unb Klarheit auch hier durch — wenn auch nur auf Augenblicke? Wohl konnte der heilige Chrysostomus sagen mit seinen »Lippen von Gold«: »Der wahre Shekinah ist der Mensch«; wo sonst noch ist die Gegenwart Gottes so offenbar, nicht nur für unser Auge, sondern für unser Herz, wie in unsern Brudermenschen." (Sartor 63, 64.)

„Im übrigen," fährt Carlyle fort, „wie es natürlich ist für einen Mann von seiner Art, spricht Prof. Teufelsdröckh viel von dem Gefühle des »Wunderns,« er besteht auf der Notwendigkeit und der großen Bedeutung des allgemeinen Staunens und Wunderns, welches die einzig vernünftige Gemütsstimmung für den Bürger eines solchen Planeten sei, wie der unsrige." (Sartor 66.)

„Wundern und Staunen," sagt er, „ist der erste Schritt zur Ehrfurcht; das Reich des Wunderns und Staunens ist ewig, unzerstörbar in dem Menschen begründet, nur zu gewissen Zeiten — wie gerade heutzutage in partibus infidelium. Der Fortschritt der Wissenschaft, der darauf ausgeht, Ehrfurcht zu zerstören,[2]) und an dessen Stelle ein Maßnehmen, Messen und Zählen setzen wollte, erfreut sich geringer Beliebtheit beim Teufelsdröckh, so sehr er sonst Maß und Zahl lieb hat!"

„Wird eure Wissenschaft," so ruft er aus, „nur Fortschritte machen wollen in dem unterirdischen Schachte der Logik, einzig und allein erleuchtet durch eine schmale Spalte oder ein Öllämpchen, soll der Geist des Menschen einer Mahlmühle gleichen, deren Trichter das Gedächtnis ist und das Mehl Sinus und Tangententabellen, Gesetzesurkunden und Abhandlungen über das, was ihr Nationalökonomie nennt? Und was bedeutet die Wissenschaft, welcher der bloße logische Kopf genügen könnte, abgeschraubt vom Rumpfe³) (und wie beim Arzt in Tausendundeine Nacht in eine Schüssel gesetzt und lebendig erhalten); der Kopf allein, ohne den Schatten eines Herzens! Ist diese Wissenschaft nicht bloß ein mechanisches und niedriges Handwerk, für das der wissenschaftliche Kopf, zu dem doch auch eine Seele gehört, viel zu gut und edel ist?

Ich sage: Der Gedanke ohne Ehrfurcht ist dürr und unfruchtbar und vielleicht giftig! im günstigsten Fall verdirbt er wie eine Pastete, an demselben Tag, wo sie zubereitet wurde, und lebt nicht wie das Saatkorn, nach dem Pflügen versenkt, zu glücklicher Ernte heranreifend, Nahrung und Nutzen die Fülle bringend für alle Zeiten." In dieser Weise teilt Teufelsdröckh seine Hiebe aus, stärkere und schwächere, ganz wie es ihm gefällt, aber immer mit guter Absicht. Besonders die „Logikspalter" und „Schrillpfeifenspötter" und Gegner des Wunders „von Profession," die heutzutage so zahlreich herumpatrouilliren in der Wissenschaft, wie die Nachtwächter um das Gebäude eines „Arbeiterfortbildungsvereins," und die — genau wie die guten alten römischen Gänse und Gänserichs — um ihr Kapitol herumschnattern und gakeln, ob Grund zum Alarm da ist oder nicht; ja die sogar oft als „erleuchtete Skeptiker" in die friedlichste Gesellschaft eindringen bei hellem, lichtem Tage, mit der Nachtwächterlaterne und Schnarre, und die darauf bestehen, daß sie dich führen und dir leuchten müßten, obwohl doch die Sonne scheint und die ganze Straße voll biederer Bürger ist"; diese Klasse ist ihm entsetzlich lästig. Höre nur, mit welch ungeahnter Erregung er fortfährt:

„Der Mann, welcher nicht staunen kann, der nicht beständig staunt und mit Ehrfurcht die Welt betrachtet, der Mann — und wäre er Präsident von unzähligen königlichen Gesellschaften der Wissenschaften und hätte er die ganze Mécanique Céleste und Hegels Philosophie und die Resultate aller Laboratorien und Observatorien der Welt mit ihren Beobachtungen und Entdeckungen, hätte er alles das in seinem einzigen, eignen Kopfe — und betrachtete er nicht alles mit Ehrfurcht: so ist er nur wie ein Paar geschliffene Gläser, hinter denen keine Augen sitzen! Diejenigen, welche Augen haben, mögen ihn als Fernglas gebrauchen — so wird er vielleicht Nutzen bringen.

Du willst kein Mysterium und keine Geheimnisse anerkennen, willst durch die Welt wandern im »Sonnenschein der Wahrheit,« wie du es nennst, oder auch nur mit der Handlaterne dessen, was ich »Advokatenlogik« nenne; du willst alles »erklären« und für alles Gründe herzählen, »Rechenschaft ablegen« oder, wenn dies bei einer Sache nicht geht, von dieser nichts »glauben«? Ja, du willst sogar über denjenigen lachen, welcher das unergründliche, alles erfüllende Reich des Geheimnisses, welches unter unsern Füßen liegt und vor unsern Händen sich ausspannt, anerkennt, lachen über denjenigen, für welchen das Universum ein Orakel und Tempel ist, nicht nur eine Küche und ein Viehstall: dieser soll ein wahnsinniger Schwärmer sein; diesen willst du mit deiner schnüfflichen Liebenswürdigkeit, wahrhaft zudringlich, deine Handlaterne aufzwingen und dann dich beklagen, wenn er sie mit dem Fuße fortschleudert? »Armer Teufel,«*) kalbt nicht deine Kuh und erzeugt nicht dein Stier? Und du selbst, wardst du nicht geboren und wirst du nicht sterben? »Erkläre« mir doch einmal dies oder thue eins von beiden: Ziehe dich in deine Studirstube zurück mit deinem thörichten Geschwätz, oder was besser wäre, gieb es auf und weine; weine nicht, weil das Reich des Wunders zu Ende und Gottes Erde prosaisch und ihrer Schön-

---

*) Diese Worte deutsch im Original.

heit beraubt, sondern darüber weine, daß du ein Dilettant gewesen bist und ein schwachsichtiger Pedant!"" (Sartor 67.)

Als „Natürlichen Supranaturalismus" bezeichnet Carlyle selbst im „Sartor" die Lehre des Prof. Teufelsdröckh, und ein solcher ist die Grundlage seiner eignen Weltanschauung, welche wir lieber mit dem Namen „Religiöser Idealismus" bezeichnen möchten, denn es ist ein Idealismus, in welchem ein theologisches, religiöses Prinzip den Hauptteil hat.

Wir müssen über diese religiöse Grundlage seiner Weltanschauung noch mehrere Stellen aus dem „Natural Supernaturalism" überschriebenen Kapitel des „Sartor" anführen, um mit seinen eignen Worten den Kern seines „Glaubens" zu bezeichnen.

Teufelsdröckh hat es in diesem Kapitel gerade wieder mit den naturwissenschaftlichen Welterklärern zu thun und spricht über die von der Naturwissenschaft ergründeten „Gesetze" der Welt.

„Aber was sind denn das für unwandelbare Gesetze, die das »vollständige Gesetzbuch« der Natur ausmachen?"

„Sie stehen geschrieben in den Werken unsrer Wissenschaft," sagt ihr, in den hochaufgetürmten Berichten der menschlichen »Erfahrung«?! Oho! war denn der Mensch mit seiner »Erfahrung« bei der Schöpfung gegenwärtig und schaute er zu, wie alles kam? Haben die erleuchtetsten Größen der Wissenschaft sich hinabgesenkt zu den Grundpfeilern des Universums und dort alles mit dem Metermaß gemessen? Zog sie denn wirklich der Schöpfer zu Rathe, auf daß sie zu lesen vermöchten in dem Grundplan des unbegreiflichen Alls, damit sie nun sagen können: Das steht darin und nichts weiter!? O weh! keinesfalls! Diese Geister der Wissenschaft sind nirgends hingekommen, wo wir nicht auch gewesen sind, sie haben nur einige Handbreit tiefer hineingeschaut in die Tiefe, die da unendlich ist, unbegreiflich, ohne Grund und ohne Küste!

Laplaces Buch über die Sterne ... wird von mir gewiß ebenso geschätzt, wie von jedem andern, aber ist das, was du die »Mechanik des Himmels« nennst und »Weltsystem«, abgesehen von Sirius und den Plejaden und Herschels fünfzehntausend Sonnen und einer armseligen Handvoll Monde und trägen Weltkugeln, ist das, gehörig betrachtet, mit wissenschaftlichen Namen belegt und etikettirt und mit einem zodiakalischen Passagierzettel ausstaffirt, ist all das derart, daß wir jetzt uns verbreiten dürfen über ihr: Wo, wenn doch ihr Wie und Woher und ihr Warum und Was uns vollständig verborgen ist, wie im leeren Nichts!

»System« der Natur! Für den weisesten Mann, so weit und groß auch sein Gesichtsfeld sein mag, bleibt die Natur doch von unendlicher Tiefe, von unendlicher Ausdehnung; und alle unsre Erfahrung beschränkt sich auf ein paar zusammengefaßte Jahrhunderte und ausgemessene Quadratmeilen... (Sartor 249.)

„Wir sprechen vom »Buch der Natur.« Wahrlich ein Buch ist es, dessen Verfasser Gott selbst ist! Darin lesen! Verstehst du, versteht der Mensch überhaupt das Alphabet davon? Das Buch mit seinen Worten und Gedanken, großartigen Beschreibungen, mit seiner Poesie und Philosophie, welche den Raum von Sonnensystemen einnehmen und Jahrtausende erfüllen: mit diesem Buch können wir es nicht aufnehmen!

Es ist ein Buch in himmlischen Hieroglyphen[4]) geschrieben, in der wahren »heiligen Schrift,« von der hier und da eine Zeile zu verstehen selbst Propheten glücklich sein können. Und alle königlichen Gesellschaften und Akademien der Wissenschaft strengen sich zwar redlich an, von dieser unlösbaren und verwickelten Hieroglyphenschrift durch geschickte Kombination ein paar Buchstaben zu erkennen (jene nämlich, welche ähnlich aussehen, wie die unsrer gewöhnlichen Schrift), und sie erreichen es wirklich und setzen daraus diese oder jene schöne Formel zusammen, von hohem Werte für das Leben: aber daß die Natur mehr ist, als ein kolossaler Haufen solcher Rezepte und Formeln, daß sie mehr ist als ein unerschöpfliches »Bürger=

liches Kochbuch,« dessen Geheimnis sich dereinst noch enthüllen wird, das träumen die Wenigsten!"

Dann kommt Teufelsdröckh-Carlyle auf die „wunderbarsten Erscheinungsformen" zu sprechen, die „geheimnisvollen Formen des Gedankens" (S. 253): auf Raum und Zeit.[5])

Diese „„weltumhüllenden Erscheinungen, gesponnen und gewoben, noch ehe wir selbst geboren wurden, um unser himmlisches Wesen, so lange wir hier leben, zu umfassen und zu blenden, sind ruhend und alles erfüllend, alles umschlingend der unendliche Grund, auf dem sich alle kleineren Erscheinungen dieser Welt abheben. Vergeblich — so lange wir hier auf Erden wandeln — bemühen wir uns, diese Hülle abzustreifen, wir können sie im günstigsten Falle für Augenblicke nur zersprengen und einen Blick hindurchwerfen. (252.)

„Ist das Vergangne einfach nur vergangen, dahin und vernichtet; ist die Zukunft einfach nicht vorhanden, oder eben nur »zukünftig«? Zwei geheimnisvolle Kräfte in dir beantworten diese Frage: Hoffnung und Erinnerung, auf ihren geheimnisvollen Pfaden kannst du, ein Jrdischer und Blinder, beides, Vergangenheit und Zukunft, heraufbeschwören und mit ihnen in Verkehr treten, obwohl nur dunkel und stumm! Der Vorhang, hinter welchem das »Gestern« liegt, fiel herab, der Vorhang des morgenden Tages hebt sich! Gestern und morgen, beide sind wirklich. Durchschaue das Zeitelement, schaue das Ewige! Glaube, daß, was du geschrieben findest in dem Heiligtum der Menschenseele, was allen Denkern aller Zeiten offenbar war: glaube, daß Zeit und Raum nicht Gott selbst sind, sondern nur von Gott geschaffen, daß für Gott ein ewiges Hier, ein ewiges Jetzt!

Und hierin siehst du keinen leuchtenden Schimmer der Unsterblichkeit? O Himmel! Ist der weiße Gedächtnisstein am Grabe unsrer Geliebten, die in unsern Armen verschieden und die wir so lange schon verlassen mußten, ist dieser Erinnerungsstein — wie er sich in der Ferne erhebt — nur ein bleicher, ernst aus dem Hintergrunde hervortretender Meilenstein, uns zu erinnern, wie viele mühselige, von Liebe nicht verkürzte Meilen wir einsam gewandert sind, ist er bloß eine bleiche, gespensterhafte Erscheinung? Oder ist der verlorne Freund noch geheimnisvoll hier, ebenso wie wir selbst noch geheimnisvoll hier leben, hier — mit und bei Gott? Wisse: daß nur der Schatten der Zeit vergeht und vergehen kann; daß das wahre Wesen von dem, was war und was ist und sein wird, eben jetzt noch ist und immer sein wird.[6]) Darüber, wenn es dir unglücklicherweiser neu sein sollte, magst du nachdenken die nächsten zwanzig Jahre oder zwanzig Jahrhunderte; glauben mußt du es, verstehen kannst du es nicht!

Gieb doch nur die Illusion der Zeit[7]) einmal auf!... O könnte ich dich doch (mit dem zeitaufhebenden Fortunatushute)[8]) vom Anfang zum Ende bringen, wie würde dann das Augenlicht entfesselt und dein Herz hell aufflammen in dem Lichtmeere des himmlischen Wunders? Dann würdest du schauen, daß dieses schöne Universum — und wäre es in der elendesten Ecke desselben — in der That und Wahrheit die ewige, sterngekrönte Stadt Gottes sei, daß in jedem Stern, in jedem Blatt am Baume und jedem Grashalme, am herrlichsten aber in einer lebendigen Seele, die Glorie des allmächtigen Gottes leuchtet. Aber die Natur, das »Zeitgewand« Gottes, offenbart ihn dem Weisen und verbirgt ihn dem Thoren.«" (255.)

Dann streift Carlyle das spiritistische Gebiet und bringt eine geistvolle und gründliche Lösung, daß Dr. Johnson, um einen „wirklichen Geist"[9]) zu sehen, nicht erst nötig gehabt hätte, die von Gespenstern heimgesuchte Gasse Cock=Lane aufzusuchen, und in Grüfte zu steigen und auf Särgen Mitternachts zu klopfen — ohne Erfolg natürlich.

„Schaute er denn niemals mit dem Auge der Seele, wie mit dem des Leibes um sich in der vollen Flut des menschlichen Lebens, das er doch so liebte, der gute Doktor! Er selbst war ein Geist, der brave Doktor, ein ebenso echter und wirklicher, wie sich sein Herz nur wünschen konnte, und eine Million von Geistern wanderten in der Straße an seiner Seite. Ich wiederhole es, fege doch die bloße Illusion der Zeit hinweg und komprimire deine dreimal zwanzig Jahre zu drei Minuten, was bleibt dann? Sind wir nicht Geister in einen Körper geformt, in eine Erscheinung, Geister, die dahin schwinden werden in Luft und Unsichtbarkeit? Es ist keine bildliche Redensart, es ist eine einfache wissenschaftliche Thatsache: wir erheben uns aus dem Nichts, nehmen Gestalt an und werden »Erscheinungen,« ringsum, wie um das echteste »Gespenst« ist Ewigkeit, Ewigkeit, für welche Minuten dasselbe bedeuten wie Jahre und Äonen.

„O Himmel, es ist wunderbar, es ist furchtbar zu bedenken, daß wir nicht nur jeder von uns einen künftigen Geist in uns tragen, sondern, daß wir schon jetzt Geister sind. Diese Glieder, woher kommen sie? Diese stürmende Kraft? Dies Lebensblut mit seiner Leidenschaft? Staub ist es und Schatten, eine volle Schattenwelt umgiebt uns, in der — auf Augenblicke oder Jahre — die Gottheit sich offenbart. (256.)

Wie ein gotterschaffenes, feueratmendes Geisterheer tauchen wir auf aus dem Nichts, eilen im Sturm über die verwunderte Welt und stürzen uns dann in die Nacht. Die Berge der Erde werden eben gemacht und die Meere ausgefüllt, während wir dahin stürmen; wie kann auch die Erde — selbst ohne Leben, tot und nur eine Erscheinungsform — Geistern widerstehen, welche Leben und Wirklichkeit sind?[10]) Auf dem härtesten Diamantfelsen hinterlassen wir unsre Fußspuren. Der späteste Nachtrab erkennt die Spuren des ersten Zuges. Aber, o Himmel, wohin? Der Sinn weiß es nicht, der Glaube ergründet es nicht, aber es geht von Mysterium zu Mysterium, von Gott zu Gott.

We are such stuff
As dreams are made of, and our little life
Is rounded with a sleep.

„Der Mensch nimmt seinen Anfang im Schoße der Nacht — und endet dort! Mysterium ist alles, rings um uns und in uns, wo wir schreiten und tasten. Aber dies eine ist jetzt einem jeden klar geworden, daß diese wunderbare Menschheit vorwärts schreitet, oder wenigstens, daß alles Menschliche in einem beständigen Wechsel, in ewiger Bewegung gewesen ist und sein wird.... Ernst, in der That, aber wäre unsre Lage, wenn uns nur das sicher wäre, daß der Wechsel unvermeidlich und universell ist. Auf einsamem Nachen verstoßen in das Meer des Zweifels, was würde dann für uns übrig bleiben, als ziel- und hoffnungslos dahinzusegeln, oder dem wahnsinnigen Taumel uns zu ergeben, so lange der Tod uns noch nicht verschlungen hat? Und das haben viele gethan und thun es noch. Aber so steht es nicht. Derjenige, welcher die Vergangenheit mit Ehrfurcht betrachtet hat (und für welche reine Seele ist die Vergangenheit, im milden Mondlicht der Erinnerung betrachtet, nicht ernst und heilig?), klagt nicht über die entschwundne Zeit, wie eine völlig verlassene Seele. Das Wesentliche der Vergangenheit schwindet nicht dahin, ihr eigentlicher Wert vergeht nie; keine Wahrheit, vom Menschen erkannt, und keine sittliche That, vom Menschen vollbracht, stirbt und kann vernichtet werden. Ob man sie kennt oder nicht, sie ist noch vorhanden und lebt und wird leben im unendlichen Wechsel. Wenn alle Dinge — um den deutschen Dialekt zu reden — von uns erkannt werden und für uns existiren nur in der Erscheinungsform[11]) der Zeit, also in der Form der Vergänglichkeit und Veränderlichkeit, und wenn die Zeit selbst nur auf der Ewigkeit beruht, so beruht auch das wahrhaft Große und Übersinnliche mit seiner Wurzel und seinem Wesen in der Ewigkeit, ist uns eine Offenbarung der Ewigkeit in der Zeit.

Unglücklich derjenige, welcher nicht zu allen Zeiten im Innersten seines Herzens fühlt, daß ein Gott diese Welt schuf und kein übler Dämon! Und wie soll da das Übel den Sieg davontragen? Alles Übel wird sich in Segen verwandeln, und es giebt nichts Gutes, was wir uns als möglich denken könnten, das nicht einst wirklich sein wird. Fest und ernstlich sind wir uns dessen bewußt, daß wir noch in der düstern, unheimlichen Nacht stehen, aber gleich fest und unzerstörbar ist unsre Gewißheit, daß der Morgen hereinbrechen wird. Ja, wenn wir uns umschauen, so sehen wir schon im Osten die Vorboten des Lichtes, des Tages! Es ist Dämmerung, und wenn die Zeit erfüllt ist, wird es Tag werden. Der Fortschritt der Menschheit zu höherer, edlerer Entwicklung dessen, was sein Höchstes und Edelstes ist, ist nicht nur dem Glauben offenbart, sondern dem Auge der Beobachtung klar, sodaß auch der Oberflächliche es sehen und erkennen kann!" (Essays 4, 33 ff.)

„Im übrigen gieb den vergeblichen Kampf auf, das Geheimnis des Unendlichen ergründen zu wollen! Es ist ein Geheimnis, von dem wir zu allen Zeiten nur hier und da etwas zu erkennen vermögen. Wissen wir denn nicht, daß der Name des Unendlichen »Gut« bedeutet, daß er »Gott« ist? Auf Erden sind wir wie Krieger in einem fremden Land, wir brauchen nicht den Plan des Feldzuges zu wissen und kennen ihn nicht, wir müssen thun, was uns zu thun obliegt: wie ehrliche Kämpfer mit Demut, Mut und frohem Heldensinne! ... Hinter uns, hinter jedem von uns, liegen sechstausend Jahre menschlichen Ringens, menschlichen Kampfes, vor uns die unendliche Zeit mit ihren unerschaffenen und uneroberten Weltteilen und Freuden, und wir, ja wir selbst, können dieses erringen, erkämpfen und erschaffen; und vom Busen der Ewigkeit, da scheinen himmlische Leitsterne.

Mein Vermächtnis, wie herrlich weit und breit
Die Zeit ist mein Vermächtnis, mein Acker ist die Zeit."„
(Essays 4, 38.)[12])

Diese Gedanken, denen leicht eine Fülle von weiteren Stellen aus seinen Schriften an die Seite gestellt werden könnte, enthalten den Kern von Carlyles Weltanschauung:

Ein unendliches, göttliches Wunder ist die Welt, wie sie uns umgiebt — ein unendliches, göttliches Wunder sind wir selbst, wie wir uns dieser Welt und all ihren Erscheinungsformen gegenüber gestellt fühlen. Das einzige, was wir — selbst eine Offenbarung Gottes — der andern unendlichen Offenbarung Gottes, der Welt gegenüber fühlen und empfinden können: ist Ehrfurcht, Verehrung des Heiligen, Ewigen.[13]) Diese „Ehrfurcht" vor dem Höchsten — wie es sich in unserm Innern und überall in der Welt offenbart — ist Religion; Religion, welche nicht bloß als Gefühl, Empfindung unsre Seele erfüllt, sondern sich in unserm Leben, in unsern Werken zeigt, welche untrennbar mit der höchsten sittlichen Schönheit verbunden ist, dieselbe zur Folge hat.

Das ist der Urgrund von Carlyles Weltanschauung, sein Glaube, welcher den ganzen Mann und alle seine Werke durchdringt. Aus diesem Glauben entspringen alle seine Gedanken und Urteile, auf dieser Grundlage ruht seine ganze Stellung zur Welt und allen den Fragen, welche gelöst oder ungelöst täglich an den Menschen herantreten — ehrliche und vollständige Antwort heischen und ohne dieselbe in einer oder der andern Weise Verderben bringen.

Erster Abschnitt
Das mechanische Zeitalter

> Motto: "The marvels of Industry did not awe him, the progress of humanity he did not place in the triumph of matter; in his eyes a man was a man only on condition of being a tabernacle of the living God."
> Wylie's Carlyle ch. 24.

er religiöse Idealismus Carlyles befindet sich nur einem „mechanischen Zeitalter" gegenübergestellt, einem Zeitalter, das von der „Maschine" geistiger und physischer Art beherrscht wird, einem Zeitalter, das daran krankt, daß seine edlen Regungen sich nicht mehr frei, naiv und unbewußt [14]) äußern, unbekümmert um Erfolg und Kritik, sondern auf selbständige, eingebildete Ziele hin: nicht auf das eine Ziel hin, welches für Carlyle das einzige ist: die Herrschaft Gottes auf Erden.

Daß Carlyle — obwohl er vielleicht in seinem Kampf gegen „das Mechanische" allzu unerbittlich ist — nicht blind gegen den Erfolg ist, welchen der Fortschritt der technischen und andern Wissenschaften für die Menschheit errungen hat, ist entschieden Thatsache, aber seine Hauptmission sah er gerade darin, ohne Gnade und Barmherzigkeit dem Versuche des „mechanischen Geistes" entgegenzutreten, wenn er einzudringen wagt in Gebiete, wo er nichts zu schaffen hat: in die Gebiete des höheren, geistigen und sittlichen Lebens, vor allem in das Gebiet der

Religion.... In der Theologie, in der Philosophie, in der Pädagogik, in allen Wissenschaften und Künsten sieht er das verderbliche Umsichgreifen einer mechanischen Weltanschauung.[15] „Wir haben nun glücklich Maschinen zur Erziehung, Lancaster- und Hamiltonmaschinen, Monitors u. s. f. Erziehung, der geheime Verkehr der Weisheit mit der Unkenntnis, ist nicht mehr ein unbestimmter, feinfühlender Prozeß, der genaue Kenntnis des Schülers und genaues Eingehen auf des einzelnen Schülers besondre Fähigkeiten erfordert, und beständigen Wechsel der Erziehungsmittel und Methode auf das eine Ziel hin, Erziehung ist jetzt ein vollständig sicheres, universelles und höchst einfaches Geschäft, das im Groben und Großen betrieben werden kann, freilich mit der gehörigen Maschine!

Dann haben wir auch Religionsmaschinen aller Arten. Bibelgesellschaften, welche eine hohe und himmlische Konstruktion in Anspruch nehmen, wenn man aber näher zusieht, völlig irdischer Zusammensetzung sind, denn sie werden in Betrieb gehalten mit Geldkollekten, großgezogener Eitelkeit, unterstützt durch die Reklameposaune, durch Intriguen und Chikanen; so sieht die Maschine aus, mit der man Heiden bekehrt!

Genau so ifts auf allen andern Gebieten. Hat jemand eine Wahrheit zu verkünden, eine geistige Arbeit zu vollführen, so ist es nicht mehr möglich, mit eins auf eigne Faust vorzugehen, mit den natürlichen Werkzeugen ausgerüstet; nein, da muß eine öffentliche Versammlung berufen werden, ein Komitee gewählt, Prospekte ausgegeben, ein großes, öffentliches Bankett veranstaltet werden.... Beim Einzelnen ebenso vermag die natürliche Kraft wenig genug. Kein Einzelner hofft jetzt, das geringste mit der eignen Hand ausführen zu können ohne die Hilfe einer Maschine; er muß irgendeine Clique für sich interessiren und dann sein Feld mit ihren Ochsen pflügen. Mehr als je gilt es jetzt, daß das »Leben darin besteht, sich zu einer Partei zu halten oder eine zu gründen.« Philosophie, Wissenschaft, Kunst, Literatur, alles stützt sich jetzt auf Maschinen! Kein Newton entdeckt in stiller[16]) Betrachtung ein Weltsystem beim Niederfallen eines Apfels; ein ganz andrer »Newton« steht jetzt in seinem Museum, in seinem wissenschaftlichen Laboratorium, und hinter ganzen Batterien von Retorten, papinianischen Digerirtöpfen und galvanischen Batterien stellt er — von oben herab — gebietend seine Fragen an die Natur (die aber trotzdem keine Eile zeigt, ihm zu antworten).[17])

So haben wir denn statt eines Rafael oder Michelangelo oder Mozart »Royal Academies« für Malerei, Skulptur und Musik, wo der geschwächte Geist der Kunst etwa Nahrung empfängt, wie durch die »nahrhafte Kost« einer öffentlichen Speiseanstalt. Die Literatur hat ihren Paternoster-Row-Mechanismus, ihre großen »Vereinsessen,« ihre geheimen Sitzungen der Chefs, ihre ungeheure unterirdische Reklameposaune und Blasebälge, sodaß Bücher nicht nur mit Maschine gedruckt und vertrieben, sondern größtenteils auch mit Maschine geschrieben werden! — Die Menschen sind mechanisch geworden im Herzen und in der Seele, ebenso wie mit der Hand. Sie haben den Glauben an eignes persönliches Können verloren und an die Kraft der ihnen innewohnenden Natur. Nicht nach innerer, humaner Vollendung geht ihr Sehnen und Hoffen und Ringen, sondern nach äußern Dingen und äußerlicher Ordnung, nach »Konstitutionen« und äußerlichen »Institutionen« aller Art." (Essays 2, 234 ff.)

Im folgenden soll nun versucht werden eine Darstellung der Stellung, welche Carlyle zu den einzelnen Gebieten des geistigen Lebens nimmt, welche unter dem Einflusse einer mechanischen Weltanschauung mehr oder weniger gelitten haben.

Zweiter Abschnitt

Carlyles Verhältnis zum Christentum

1. Seine Stellung zur Person Christi. 2. Seine Auffassung von der Bedeutung des Christentums in der Weltgeschichte. 3. Das Wesen des Christentums

it der höchsten geistigen Fähigkeit des Menschen zu beginnen, sagt Carlyle, mit der Religion, können wir fragen: Wohin ist es mit ihr gekommen? Von Kirchen und ihren Ordnungen wollen wir hier gar nicht reden, oder von dem unglückseligen Reiche des Unglaubens, noch davon, daß unzählige Menschen, verblendet im Geiste, soweit gekommen sind, ohne Welt zu leben; wir wollen die Sache von der günstigsten Seite Gott in der aus betrachten und stellen da die Frage: Welcher Art ist die Religion, welche noch in dem Herzen der wenigen sich aufhält, der wenigen, welche sich die »Religiösen« nennen? Ist es eine gesunde Religion, lebensfähig und »naiv,«[18]) eine Religion, welche, ohne sich dessen bewußt zu sein, in freier That strahlt und sich zeigt und so das Wort Gottes predigt? Unseligerweise, nein! Statt eines heroischen Martyriums, statt einer heiligen und die Seele entzündenden Beredsamkeit, welche die Religion wieder im Herzen der Menschen erwecken könnte, um dann ewig dort zu leben und zu herrschen, statt dessen haben wir dicke »Unterredungen über die Heilsthatsachen,« deren Ziel

darin besteht, die Existenzberechtigung eines Dinges »Religion«[19]) wahrscheinlich zu machen — natürlich vergeblich! Die begeistertsten »Evangelischen« predigen kein »Evangelium,« sondern geben sich damit ab, zu schildern, wie das Evangelium gepredigt werden könnte und sollte. Das heilige Feuer des Glaubens wie durch heilige Berührung zu entflammen, das ist nicht ihre Sache; sondern höchstens zu schildern, wie der Glaube sich zeigt und äußert und höchst wissenschaftlich den Unterschied des falschen vom wahren Glauben darzulegen.[20]) Religion, wie alles heutzutage, ist nicht mehr naiv, sie ist jetzt selbstbewußt und beobachtet und belauscht sich selbst. Sie nimmt mehr und mehr ab an That und Lebenskraft und wird mehr und mehr mechanisch. Im ganzen genommen hat die christliche Religion in den letzten Zeiten sich immer mehr in Metaphysik aufgelöst und droht jetzt ganz zu verschwinden und sich wie manche Flüsse im öden Sande zu verlaufen."

(Characteristics in den Essays 4, 20 ff.)

Mit diesen Worten ist schon angedeutet, in welcher Richtung Carlyles Stellung zum Christentum aufzusuchen sei. Carlyle war in seiner Jugend aufgewachsen in einem Kreise, der fest an die Ketten der schottisch=presbyterianischen Kirche geschmiedet war, durch ehrlichen Kampf hatte er seine Seele aus diesen Fesseln befreit, und nach Prüfung und redlicher Mühe, wie er selbst eingesteht, durch die mächtige Hilfe eines Goethe gerettet, hatte sein Gewissen schließlich Ruhe gefunden in einer Stellung zum Christentum, welche an die Goethes erinnert, obwohl sie, wie wir sehen werden, ihre wesentlichen Abweichungen von derselben hat.

Wir wollen zunächst die Stellung beider zur Person Christi und zur Frage nach der geschichtlichen Bedeutung des Christentums betrachten.

Wenn Goethe noch am 11. März 1832 (Eckerm. 3, 255) ausspricht: „Dennoch halte ich die Evangelien für durchaus echt, denn es ist in ihnen ein Abglanz einer Hoheit wirksam, die von der Person Christi ausging und die so göttlicher Art, wie nur je auf Erden das Göttliche erschienen ist. Fragt man mich, ob es in meiner Natur sei, ihm anbetend Ehrfurcht zu erweisen, so sage ich: durchaus! Ich beuge mich vor ihm als der höchsten Offenbarung, des höchsten Prinzips der Sittlichkeit," und wenn er an demselben Tage äußert: „Mag die geistige Kultur nun einmal fortschreiten, mögen die Naturwissenschaften in immer breiterer Ausdehnung und Tiefe wachsen und der menschliche Geist sich erweitern wie er will, über die Hoheit und sittliche Kultur des Christentums, wie sie in den Evangelien schimmert und leuchtet, wird er nicht hinauskommen," und wenn Goethe diese ganzen Äußerungen mit dem Worte krönt: „Auch werden wir alle nach und nach aus einem Christentum des Wortes und Glaubens zu einem Christentum der Gesinnung und That kommen,"[21] so ist damit auch Carlyles Überzeugung vom Wert und der Bedeutung und der Zukunft des Christentums ausgesprochen.

Carlyles religiöses Gefühl wurde vollständig erfüllt von der Lehre und der Gestalt Christi.

Carlyle hat nie ein Wort gesprochen, welches einen Doppelsinn zuließe, das uns nicht die vollständige Überzeugung seines Herzens zeigte, und in folgenden schlichten Worten spricht er seinen „Glauben" an Christus aus: „Die höchsten Symbole des Göttlichen werden uns offenbart, wenn der Künstler und Dichter sich zur Stellung des Propheten erhebt und alle Menschen den gegenwärtigen Gott erkennen und verehren... Mannichfach sind diese religiösen Symbole gewesen, welche wir »Religionen« nennen, entsprechend der geistigen Stufe, auf welcher die Völker standen und sich das Göttliche vorzustellen vermochten. Einige solche Symbole sind von vorübergehendem innern Werte, viele nur von einem äußerlichen. Wenn du mich fragst, bis zu welcher Höhe die Menschheit in »der Religion«

gestiegen, so sage ich, schaue auf unser göttlichstes Symbol, Jesus von Nazareth, und sein Leben und die Geschichte seines Lebens (his Biography). Höher ist der menschliche Geist noch nicht gekommen, dies ist die Christenheit und das Christentum: das Symbol einer ewigen, unendlichen Natur, dessen Bedeutung immer von neuem wieder genaue Forschung und genaue Verkündigung erfordert." (Sartor 217.)

"Es ist geringfügig genug, wenn du — wie der alte Zeno dich lehrte — die Erde unter dir verachten kannst, weil sie dir Leiden bringt, du kannst und vermagst die Erde zu lieben, wenn sie dich schmerzt und eben weil sie die Schmerzen bringt; dazu bedurfte es freilich eines größeren wie Zeno — und ein größerer wurde dazu in die Welt gesendet. Kennst du die ›Religion des Leides«[22]) (the worship of sorrow)? Ihr Tempel, vor achtzehn Jahrhunderten errichtet, liegt jetzt in Trümmern, mit Gestrüpp überwachsen, die Wohnstätte trauriger Geschöpfe; aber trotzdem mache dich auf danach! In einem tiefen Gewölbe, geborgen vor den fallenden Trümmern, findest du noch den Altar und brennt die heilige Lampe auf immer und ewig." (Sartor 185.)

Der Kern der christlichen Lehre ist für Carlyle „über allen Zweifel und jeden logischen Beweis erhaben," er ist in jedes menschliche Herz von Natur eingepflanzt, und ob „das Herz daran glaubt oder nicht, bleibt er die Krone und die Glorie, die Seele und das Lebenselement unsrer ganzen Entwicklung,"[23]) und eben deshalb wird Carlyle nie müde, auf das Unhaltbare hinzuweisen auch' der ernstgemeintesten Versuche, welche darauf ausgehen, die christliche Lehre mit Hilfe der Logik anzugreifen oder zu verteidigen. In dem Aufsatze über Voltaire (Essays 2, 172 ff.) finden wir die Worte:

„Daß die christliche Religion eine festere und tiefere Grundlage haben könnte, als Bücher, daß sie vielleicht gar in der reinsten und innersten Natur des Menschen geschrieben steht, in geheimnisvollen, unauslöschlichen Buchstaben, mit denen verglichen Bücher und alle Offenbarungen und authentischen Überlieferungen nur nebensächliche Dinge seien — nichts von dem allen scheint Voltaire in Gedanken je nahe getreten zu sein. Und doch liegt hierin der wesentlichste Punkt der ganzen Frage, mit deren Bejahung oder Verneinung die christliche Religion für immer steht und fällt. Wir glauben auch, daß die Weisen unsrer Zeit die Frage entschieden haben und nie in ihrer Meinung darüber getrennt gewesen sind. Die christliche Religion, »die Religion des Leides,« ist als göttlich erkannt worden auf andre Gründe hin, als solchen aus den »Versuchen über die Wunder,« durch Betrachtungen, welche gewaltig tiefer sind und gehen als eine »Untersuchung vor dem Gerichtshof.« Derjenige, welcher dafür oder dagegen mit Argumenten kommt, versteht die Natur des Christentums nicht. ... Unsre Väter waren weiser als wir, wenn sie mit tiefstem Ernst sagten, daß Religion nicht mit Augen geschaut werden kann, sondern mit dem Glauben, daß sie nicht dem logischen Verstande angehört, sondern dem Geist. Derjenige, welcher ohne den letzteren ist, der trotz allem Studiren diesen nicht in sich entwickelt hat, mag mit viel oder wenig Nutzen gearbeitet haben, aber von der christlichen Religion und manchen andern Dingen kann er keine Kunde haben. Die christliche Lehre wird oft mit der griechischen Philosophie verglichen und überall findet man sie der letztern bei weitem überlegen. Aber solche Betrachtungen beruhen auf einem Irrtum. Die christliche Lehre, jene Lehre der Demut, in jeder Beziehung göttlich und der Quell göttlicher Tugenden, ist weder überlegen noch unterlegen, noch gleich zu stellen irgend einer Lehre des Sokrates und Thales; denn sie ist ganz andrer Natur und so sehr von diesen verschieden, wie ein vollendetes, ideales poetisches Werk von einem richtigen Rechenexempel. Derjenige, welcher sie mit diesem Maßstabe mißt, mag allerdings klagen, daß ihm über den Buchstaben hinaus diese göttliche Demut noch unbekannt ist, daß das erhabenste Gefühl, welches der Menschheit verliehen worden ist, ihm noch verborgen ist.... Wir glauben nichts neues zu behaupten, wenn wir dasjenige aussprechen, was die Überzeugung der größten Männer unsrer Zeit ist, daß — zugegeben und angenommen, was immer ein Voltaire erwiesen haben mag und noch erweisen wird — die christliche Religion, einmal hier, nicht wieder vergehen kann,²⁴) daß in einer oder der andern Form sie auf alle Zeiten hin besteht, daß, wie in der Schrift, so im Herzen des Menschen geschrieben steht, »die Pforten der Höllen sollen sie nicht überwältigen.«²⁵) Und wenn die Erinnerung an diesen Glauben noch so verdunkelt, wie in der That zu allen Zeiten die niedern Leidenschaften und Vorstellungen der Welt diesen Glauben im Herzen der Menschen überwuchern — so findet er doch in jedem Dichter und Weisen einen neuen Sendboten, einen neuen Märtyrer, bis endlich das große Buch der Weltgeschichte geschlossen ist und des Menschen Geschicke auf Erden erfüllet. Der christliche Glaube ist eine Höhe, welche das Menschengeschlecht bestimmt und begabt genug war, zu erreichen, eine Höhe, von der es, wenn sie erreicht ist, nie wieder herabsteigen kann." (Essays 2, 172 ff.)

Dies sind fast die Goethischen Worte über die Bedeutung des Christentums. Über das Wesen des Christentums selbst freilich gehen Goethes und Carlyles Anschauungen auseinander.

„Das Christentum als Religion der Versöhnung hat zwei Pole, zwischen denen alles christliche Leben oszillirt: der eine, negative, ist das Bewußtsein der Sünde, oder des Gegensatzes des heiligen Gottes und des unheiligen Menschen. Der andre, positive Pol ist das Bewußtsein der Gnade oder der Aufhebung jenes Gegensatzes, der Versöhnung der Entzweiten, der Einheit Gottes und des Menschen. Je nach der Verschiedenheit der Naturen liegt die Anziehungskraft des Christen-

Zweiter Abschnitt. Carlyles Verhältnis zum Christentum

tums bald mehr auf Seiten seines negativen, bald mehr auf Seiten seines positiven Pols."²⁷)

Wenn wir diesen Satz auf Carlyle anwenden, kommen wir zu dem Schlusse, daß bei ihm, wie bei Kant, im Gegensatz zu Goethe, wie bei Calvin und Knox²⁸) und Cromwell und bei allen Geistern, welche mit den die schottisch-presbyterianische Kirche bestimmenden Ideen aufgewachsen sind, die Sympathien mehr auf Seiten des negativen Pols sich befinden.²⁹)

Dazu bestimmte ihn — vielleicht schon in seiner Natur begründet, durch seine Erziehung jedenfalls weiter gebildet — der Gedankenkreis von der vorwiegenden Sündigkeit, Unvollkommenheit der menschlichen Natur. Hier steht der religiöse Idealismus in seinem Innern plötzlich mit einer andern, von seinen Vätern ererbten Anschauung im schroffen Gegensatz, hier liegt dunkel und geheimnisvoll der Kern des Widerspruchs, der seine religiöse Weltanschauung rätselhaft spaltet.

Carlyle, den wir eben noch aussprechen hörten: ein göttliches Wunder ist der Mensch, jeder Mensch hat eine unsterbliche Seele in sich und diese ist ein Spiegel und das lebendige Abbild Gottes, Carlyle, dessen milder Seele der Glaube völlig entspricht, daß eine unendliche, allmächtige Güte lebt, ein Gott, dem das Wohl und die Vollendung jedes Menschen am Herzen liegt, der also doch wohl als Allmächtiger und Allgütiger Mittel und Wege finden könnte, die Vollendung jedes Menschen zu bewerkstelligen, jeden zu reinigen, Carlyle ist — da er als Bußprediger auftritt und die absolute Notwendigkeit der Sittlichkeit der Welt mit Feuer und Schwert zeigen will — so gesteht er uns selbst — in dem Punkte der Prädestination und Gnadenwahl Calvinist gewesen.³⁰)

Und wenngleich ihn diese Überzeugung von der Möglichkeit der absoluten Verdammnis — im Danteschen Sinne³¹) — des unsittlichen Menschen nicht zum absoluten Pessimisten machte (was die logische Folge davon sein würde), so ist infolge davon doch seine religiöse Weltanschauung stets mit einer Art Wehmut durchzogen, mit einer Art Schwermut und Trauer, welche eine gewaltige Abweichung von Goethes religiöser Weltanschauung bedingen.

„Die Religion enthält unendliche Wehmut," dieser Satz von Novalis[32]) kommt ihm ganz von Herzen, Religion der Demut, Religion des Leides ist seine beständig wiederkehrende Bezeichnung für das Christentum. Goethes Wort vom „Heiligtum des Schmerzes",[33]) nahm er völlig in seinen Ideenkreis auf und führt es wiederholt an.

Zwar finden wir oft in seinen Tagebüchern Aussprüche wie die folgenden:

„Ich sage zu mir selbst, warum bist du denn nicht dankbar? Gott ist gut! Dies ganze Leben ist ein himmlisches Wunder, groß, obwohl ernst und streng."[34])

„Das Weltall ist voll Liebe, aber ebenso voll unerbittlicher Härte und unerbittlichem Ernste, und es bleibt für immer wahr, daß Gott lebt."[35])

Aber der grimme Ernst und die unerbittliche Härte, welche die ewig unzulängliche Menschennatur mit sich bringt, treten immer wie ein Gespenst zwischen seine Seele und Gott, und rauben ihm — auf Zeiten wenigstens — das Glück seiner Seele.

„Wie alle Menschen muß ich fühlen, wie unerbittlich das Leben ist und muß, so fromm ich kann, sagen: Gottes Wille, Gottes Wille! ... „Sunt lacrimae rerum!"[36])

„Fractus bello, fessus annis," schreibt er, „das tiefste De profundis" war geringe gegen „das Gefühl meines Herzens," „Nichts als Klage und bitteres Wehe erfüllt das Herz aller meiner Gedanken," „Ich bin sehr elend und einsam," schreibt er an seine Frau, „Nimm dich in Acht, nimm dein armes kleines »Ich« in Acht, denn ich habe kein andres," „Ein heiliges Leid, ein Wehe in der Seele, welches, obwohl schwer zu tragen, doch mit Heiligkeit und Segen erfüllt ist,"*) „Nichts frohes ist in meinem ganzen Leben, noch wird es kommen, keine geliebte oder liebende Seele, oder thatsächlich so gut wie keine, habe ich mehr auf Erden" (schreibt er ins Tagebuch am 30. September 1867, ein Jahr nach dem Tode seiner Frau), „das Einzige, was völlig schön und edel ist und meinem armen Herzen hilft, ist sie, die ich nicht nenne. Der Gedanke an sie ist in Schmerzen getaucht, aber ebenso in Zartheit, in unaussprechliche Liebe."

Einen tiefen Einblick in sein Seelenleben giebt auch ein Brief an den trefflichen Thomas Erskine of 'Linlathen vom 12. Juni 1847:

„Die Natur selbst warnt uns nicht, »an der Seite trauriger Gedanken« zu ruhen, wie mein Freund Oliver³⁷) sagt, nicht mit Absicht zu verharren bei dem, was uns Sorgen und Schmerz bringt. Und doch muß man, muß ich wenigstens zu mir selbst sagen, daß alles Gute, was ich empfangen habe, in der Gestalt des ernsten Leides zu mir kam, daß es nichts Edles und Göttliches in der Welt giebt, was nicht etwas von »unendlicher Trauer« an sich trägt — sehr verschieden ist diese Ansicht allerdings von der gewöhnlich angenommenen Ethik —"³⁸)

Dies erklärt vielleicht den Ernst, die Trauer und Wehmut, die sein ganzes Denken durchzieht, es ist der Rückschlag seines Seelenlebens und des unendlichen Leides, welches sein Leben durchzieht. Der einzige, geheime Grund zu all diesem scheint — in seinem von Natur viel zu weichen Herzen zu liegen, welches überall verwundet werden mußte, selbst in der Liebe zu seiner Frau — und ferner in der eigentümlichen Erregbarkeit seines Charakters.

---

*) Unwillkürlich rufen diese Worte „des Wehe in der Seele" die Gesichtszüge Carlyles ins Gedächtnis, wie sie die von Elliot und Fry (1865) aufgenommene Photographie zeigen, am schönsten in dem Stiche von Joseph Brown.

Seine Frau mußte einst schwer krank nach dem Seebade St. Leonards gebracht werden, während er selbst der Arbeit halber nach London zurückkehrte, und als es besser mit der Leidenden ging, schreibt er (29. September 1864) als Antwort auf einen Brief von ihr:

„O, meine leidende, liebe Jeannie! Nicht einen Augenblick wahren Schlummers hast du gehabt?! Ich habe deinen Brief mit einem Herzen gelesen in der schönen Morgenluft, wie du es ahnen kannst ... für mich giebt es nichts als ruhelosen Kummer und Elend. Und doch, meine Liebste, ist etwas in deinem Briefchen, was mir lieber ist als alles andre, nämlich ein gewisser Hauch von frommer Zartheit, von demütiger Erniedrigung und linder Hoffnung und Unterwerfung unter den Höchsten, welches mich rührt und tröstet. Ja, Geliebte, das fehlte dir. An stolzem Stoizismus hast du es nie mangeln lassen ... aber es giebt etwas Höheres, und davon hast du zu wenig gehabt. Es berührt das bekümmerte Herz und ist doch weit entfernt, es zu schwächen, ja es ist die ewige Stärke desselben, die Quelle aller wahren Stärke. Komm wieder zu deinem armen Neste.... Wir haben einen großen, mühseligen Weg zusammen zurückgelegt und werden, will's Gott, noch nicht zusammenbrechen."

Dieser Brief gehört vollständig in diesen Zusammenhang, er zeigt, was ihm eigentlich fehlte, was ihn sein Lebelang bedrückte, was ihn unglücklich machte, was mit einer dunklen Trauer und Wehmut sein ganzes Leben erfüllte, was seine Religion wie mit einem trüben Schleier bedeckte, wie ein trüber Schleier, der eigentlich, so schön das Bild ist, welches dieses „asketisch-pessimistische Moment" des Christentums zur „dunkeln Folie seiner Heilsbotschaft" macht,[39]) ihn hinderte, dauernd die freudige, sonnige Höhe des Goethischen Standpunktes zu bewahren, dessen „vorstrebend heiterer Sinn,"[40]) im Bewußtsein der eignen sittlichen Größe, die „erblichen Mängel der Menschen

Zweiter Abschnitt. Carlyles Verhältnis zum Christentum

sehr gern zugiebt," aber ohne sonderliches Gewicht darauf zu legen, vollständig erhaben über Leid und Sünde, sich zur „gottseligen Weltbetrachtung" aufschwingt, deren Befriedigung, im bittersten Leide selbst, darin liegt, „Gott anzuerkennen, wie und wo er sich offenbare, denn das ist eigentlich die Seligkeit auf Erden." [41])

„Wär' nicht das Auge sonnenhaft,
Die Sonne könnt' es nie erblicken,
Lebt' nicht in uns des Gottes eigne Kraft,
Wie könnt' uns Göttliches entzücken!" [42])

Dies ist der Goethische unbedingte Glaube an die göttliche Natur des Menschen, ein Glaube, der nie von dem düsteren Einflusse der Prädestinationslehre irgendwie gefährdet werden konnte. Dieser Glaube an die „natürliche Heiligkeit" [43]) der menschlichen Natur war es, der Goethe ein für allemal schied von der Seite der Anhänger der Augustinischen Lehre, Luthers selbst eingeschlossen, der Goethe auf die Seite des Pelagius führte. Dies war, wie er es selbst nennt, das „Christentum zu seinem Privatgebrauche." (W. D. Hempel 3, 178.)

Wenn bei Goethe diese freie, heitere Weltbetrachtung, ohne Zweifel der düsteren Lehre von der Unzulänglichkeit der menschlichen Natur gegenüber, stets den Sieg behauptete, so war dies auch bei Carlyle im Grunde der Fall, auch bei ihm ruht der optimistische, religiöse Idealismus im Grunde der Seele, auch ihm ist es — wie jedem gesunden Menschenherzen — unwandelbar eingepflanzt, daß „das Thor der Hölle keine Macht haben soll."

Er ruft aus: „Die Erde ist nicht, im Namen Gottes, ein Platz bitterer Hoffnungslosigkeit für irgend ein lebendes Wesen, es ist sicherlich der Ort der Hoffnung für alle." [44]) „Man fragt, ist der Mensch allein geboren zur Sorge und zum Leide, welches weder Heilung noch Segen in sich birgt? Die ganze Natur weit und breit antwortet: Nein! Für den Weisen: Nein!

Nur für den Thoren: Ja! und den Unweisen, der da menschliche Vorstellungen hat und menschliche Gelüste und Fähigkeiten und nicht die Einsicht und rauhe Tugend eines Mannes."

"Ich will nie die Hoffnung aufgeben, dich [der Brief ist an seine Frau gerichtet]⁴⁵) mit der ganzen Seele dahin streben zu sehen, daß du entdeckst (wie es alle Menschen entdecken sollen), daß in der grimmsten Felsenwildnis des Daseins gesegnete, heilige Quellen sprudeln, daß ein ewiger Leitstern strahlt."

"Der Erlöser lebt! Er ist nicht israelitischen Stammes, noch von menschlicher Gestalt, weder gehüllt in ein Priestergewand, noch ist sein Wesen in eine alte Formel zu fassen. Der Erlöser ist unser unnennbarer Schöpfer, ohne menschliche Stimme, ohne menschliche Gestalt in unserm Herzen wohnend, seine Stimme ist jede edle und wahre Regung unsrer Seele. Noch lebt er in uns und um uns, wo wir auch sind. Kein Eremit oder Gottbegeisterter besaß je mehr von ihm, als wir selbst haben — oft sogar noch weniger."⁴⁶)

Mit dieser Gesinnung steht keinesfalls seine calvinistische Anschauung in unerklärlichem Widerspruch. Was ihn an der Unzulänglichkeit der Menschennatur — göttlich wie sie eigentlich ist und sein sollte — verzweifeln läßt, was ihn sein Lebelang oft zur vollen, übertriebenen Weltverachtung⁴⁷) führte, war sein unerbittlicher Haß des Schlechten, des Unsittlichen, der Sünde, wie sie doch einmal ein Faktor der Welt ist. Es ist dies ein Punkt, der eigentlich in das Kapitel über seine Ethik gehört, aber doch hier erörtert werden muß, da er seine Stellung zur Prädestinationslehre und zum Christentum überhaupt entschieden erklärt.

Die sittliche Pflicht, von Gott uns auferlegt, deren Erfüllung, wie Carlyle schon sagt, unser göttliches Recht ist, wird von wenigen nur erkannt, von noch wenigeren erfüllt. Nur eine "Heldenseele" erfüllt sie, ein Mensch von außergewöhnlicher sittlicher Größe und Reife, ein Auserwählter Gottes; die meisten berauben sich dieses Heldentums, gehorchen der Stimme des

Zweiter Abschnitt. Carlyles Verhältnis zum Christentum

Herzens, dem Befehle Gottes nicht, verfehlen ihren göttlichen Beruf, und wie der edle Mensch den Nichtswürdigen nur hassen und verachten kann, so thut es auch der gerechte Gott. Daß der gerechte Gott auch nach höherem Gesetze richtet, als dem der menschlichen Sittlichkeit, daß bei ihm das Gesetz der Liebe richtet, findet in Carlyles Weltanschauung keine Statt, wo es sich um praktische Förderung der Sittlichkeit handelt, wo Carlyle als Mahner und „Bußprediger" auftritt. Hier ist — und nur hier — der Gott Carlyles, der alttestamentarische:[48]) der strafende, rächende, und Carlyles Religion ist hier die „des Hiob, Jesaias und Esekiel," seine Brust erfüllt der Haß gegen das Nichtswürdige und Rache gegen den Nichtswürdigen, die christliche Lehre von der Vergebung und absoluten Menschen= liebe tritt hier zurück und die Hölle öffnet ihr Thor für den Verruchten, der sich selbst dem Verderben geweiht hat, mit dem Gott und das Ewige nichts gemein haben kann.[49])

Hier geht Carlyle auf die Lehre der Kirche zurück und steht nicht auf der Höhe, die das Christentum Goethes oder Schillers einnimmt, da vergißt Carlyle die Worte:

„Allen Sündern soll vergeben
Und die Hölle nicht mehr sein."

(Vergl. Anhang Nr. 3, Anmerkung zu S. 12.)

Diese religiöse Anschauung Carlyles von der absoluten Ge= rechtigkeit des strafenden Gottes ist imstande, es zu erklären, wie Carlyle sich besonders an das asketisch=pessimistische Moment im Christentum anschloß, wie es kommt, daß die Idee der Gnade, der Liebe, welche über alles, selbst die Gerechtigkeit, endlich den Sieg davon trägt, bei ihm stets zurücktritt, wo es ihm darauf ankommt, die verkommenen Elemente der Welt zur Sittlichkeit anzuspornen und unerbittlich zur strengen Sittlichkeit zu führen.

Daß diese düstere Gottesanschauung bei Carlyle nicht die Hauptrolle spielt, daß die „Religion der Versöhnung" in ihrer Hauptbedeutung als Gnadenbringerin bei ihm volles Verständ=

nis findet, bleibt trotz alledem Thatsache, wenngleich Carlyle — als „Prophet" und Bußprediger (und das hielt er ja für seine Lebensaufgabe) — ganz entschieden nicht die „unbedingte" freie und „heitere Gottseligkeit" Goethes als letztes Ziel anerkennt. Carlyle war nicht durch die Schule der Antike gegangen wie Goethe, für seine eigne, innere Erfahrung gab es keine Sittlichkeit, welche nicht durch Ernst und Kampf errungen wird, sondern als freies Geschenk der Natur dem Menschen in die Wiege gelegt ist, seine Geburt und Erziehung, seine ganze Natur hatte ihm den „vorstrebend heitern Sinn" versagt — der auch für ihn, den leidenschaftlichen Kämpfer gegen alles Unsittliche, nicht nötig war.

Daß aber der „Sinaidonner" des strafenden Gottes nicht die letzte Stufe seiner Weltanschauung bezeichnet, kann nicht ernstlich genug betont werden.

„Kann denn der Donner aus allen 32 Azimuths*) Gottes Gesetze für mich göttlicher machen? Mein Bruder, nein! Vielleicht bin ich jetzt ein Mann geworden und brauche den Donner und die Schrecken nicht mehr! Vielleicht bin ich darüber hinaus, Furcht zu empfinden! Vielleicht ist es nicht Furcht, sondern Ehrfurcht allein, welche mich leitet. Offenbarungen und Inspirationen? Ja! Und deine gottgeschaffene Seele, ist sie keine Offenbarung? Wer erschuf dich? Woher kamst du? Die Stimme der Ewigkeit, wenn du kein Gotteslästerer und ohnmächtiger Scheintoter bist, redet mit deiner Zunge! Du bist ein Kind der ewigen Natur! Die Offenbarung Gottes giebt dir diese Erkenntnis! Mein Bruder! Mein Bruder!" (Past and Pres. 198.)

*) Den 32 Winden der Windrose.

Dritter Abschnitt

Carlyle und die Erscheinungsformen des Christentums:
die Kirche und theologische Wissenschaft

> Motto: Intolerance, animosity can forward no cause, and least of all beseems the cause of moral and religious truth. A wise man has well reminded us that „in any controversy the moment we feel angry, we have already ceased striving for Truth, and begun striving for Ourselves."
> Carlyle, Misc. 2, 181 (Voltaire).

Am 11. Oktober 1841 schreibt Carlyle an den trefflichen und wahrhaft großen schottischen Geistlichen Chalmers: „Daß Sie mit Ihrem edlen, hoffnungsreichen Herzen noch glauben, daß in unseren gegenwärtigen Kirchen genug göttliches Feuer brennt, um die trägen, vornehmen Stände und die heruntergekommenen niederen zu entflammen, um siegreich aufzutreten gegen die Masse des drückenden und immer mehr anschwellenden Übels — o weh, könnte der bitterste Feind der Kirche etwas andres sagen, als daß dies eine edle, »hoffnungs= lose Hoffnung« ist? ein edler, kühner Entschluß, von dem dürren Baume das zu erringen zu suchen, was nur der lebendige, grüne bieten kann?"[50])

Carlyle war nicht der bittere Feind „der Kirche," wie wir hier sehen und wozu man in England ihn häufig stempeln möchte, er war der innersten Überzeugung, daß alle Menschen zu einer einzigen göttlichen Gemeinschaft gehören, welche unabhängig von Kirchen, „Ceremonien und Liturgien" im Herzen des Menschen einzig und allein beruhe. Feind war Carlyle überhaupt nur der Unwahrheit und heuchlerischen Unduldsamkeit, wo sie auch immer auftrat, und wo wäre diese wohl in der Weltgeschichte mehr aufgetreten als in dem Pfaffenwesen?

Seine Stellung zur Kirche ist im wesentlichen keine andre als die Goethes.

Carlyle hatte in seiner Jugend eifrig die schottisch-presbyterianische Kirche besucht, aber mit den kommenden Jahren ging es ihm wie Goethe: es stießen ihn einmal die äußern Formen des kirchlichen Lebens ab, dann die von der Kirche angenommenen Dogmen. Carlyle war Zeit seines Lebens eine fromme Seele und war imstande, die fromme Ehrfurcht des Wilden vor seinem Fetisch, des Heiden vor seinem Götzenbilde nachzuempfinden — mit tiefer Wehmut erfüllte ihn der Anblick einer inbrünstig betenden Frau in der Kathedrale zu Brügge: „ein schöneres Bild als alle die Bilder von Rubens und Rembrandt" — er konnte vollständig das innere Bedürfnis verstehen, was den gläubigen Katholiken die Vermittlung eines Heiligen anrufen läßt — aber alle Formeln und inhaltslosen Bekenntnisse,[61]) oder Bekenntnisse, deren Inhalt er in Wahrheit nicht begreifen konnte, erfüllten ihn mit demselben Gefühle, wie die Glaubensöde des Skeptikers: mit Schauder — und Mitleid.

Wie Goethe, blieb auch er sein ganzes Leben lang der Bibel treu: in Craigenputtoch las er aus ihr zur Andacht seinen Hausgenossen vor. „In der ärmsten Hütte," sagt er im Jahre 1832,[62]) „ist ein Buch, in welchem seit tausenden von Jahren der Menschengeist Licht gefunden hat und Nahrung und eine erläuternde Antwort auf die tiefste frage; ein Buch, in welchem sich noch heute für das Auge, das ruhig zu schauen vermag, das Mysterium des Lebens abspiegelt, wenn auch nicht gelöst, so doch offenbart und prophetisch angedeutet," und noch 1867 (Shooting Niagara, Essays 7, 221) nennt er die Bibel das „wahrste der Bücher," wie er sie schon 1850 (Latter-Day Pamphlets 274) genannt hatte, sie ist das „ernsteste Buch" (Sterling 227) und war bis an sein Ende — neben Shakespeare und Goethe — sein treuer Begleiter (froude 4, 462). Daß er, wie Goethe, auch andre Offenbarungen kannte, sehen wir aus einer Stelle im Sartor (S. 187): „Eine Bibel kenne ich, deren »vollständige Inspiration« unzweifelhaft ist; ja mit eignen Augen sehe ich Gottes Schrift darin; von dieser Bibel sind alle andern nur einzelne Blätter, mit Bildern geschmückt, um den schwächeren Sinn zu unterstützen."

„Du hältst das Evangelium," so schreibt Goethe einmal an Lavater (am 9. August 1782), „wie es steht, für die göttlichste Wahrheit; mich würde eine vernehmliche Stimme vom Himmel nicht überzeugen, daß das Wasser brennt und das feuer löscht, daß ein Weib ohne Mann gebiert und daß ein Toter aufersteht,[53]) vielmehr halte ich alles dieses für Lästerungen gegen den großen Gott und seine Offenbarung in der Natur. Du findest nichts schöner als das Evangelium, ich finde tausend geschriebene Blätter alter und neuer, von Gott begnadigter Menschen ebenso schön und der Menschheit nützlich und unentbehrlich."[54])

Diese Worte bezeichnen vollständig den Carlyleschen Standpunkt. „Wenn einer von den Toten auferstünde, so wäre das nicht wunderbarer, wie die Thatsache, daß der Mensch die Hand auszustrecken vermag" (Sartor S. 253), der Mensch ist das große Wunder, unerklärlich genug, sodaß andre höchst überflüssig sind. Bei letzteren wurden Dinge als Wunder hingestellt, welche schlechthin „unglaublich" waren und welche mit Logik

und „metaphysischem Hocuspocus" oder „theosophischem Mond=
schein"⁵⁵) nicht gestützt und glaublich gemacht werden können.
Wenn Goethen „Ceremonien" (wie die Taufe) „zu sehr
verstimmen," als daß er ihnen beiwohnen kann,⁵⁶) wenn ihm
in Meiningen seine Wohnung der Kirche gegenüber nicht recht
behagte und er am 12. Mai 1782 an die Frau von Stein
schreibt:⁵⁷) „Ich wohne hier der Kirche gegenüber, das ist eine
schröckliche Situation für einen, der weder auf diesem noch auf
jenem Berge betet und keine vorgeschriebenen Stunden hat,
Gott zu verehren;" wenn Schiller unumwunden erklärt, daß
ihm „eigentlich keine Predigt gefällt,"⁵⁸) so ist das eigentlich
dasselbe, was uns oft in Carlyles Tagebüchern und Werken
aufstößt.

Noch im Anfange seines Londoner Aufenthalts (1835)
machte er den Versuch, sich zu einer Kirche zu halten, aber ver=
gebens:⁵⁹) „Ich probirte es mit verschiednen presbyterianischen
Kirchen, ich fand in jeder derselben einen ordinären, ungebildeten
Mann, der über Dinge deklamirte, von denen er nichts verstand.
Dann versuchte ich es mit der englischen Hochkirche. Da fand ich
einen feinen, wohlerzogenen Gentleman, wie er die schönsten
Worte aus einem Buche ablas, Worte, wie sie einstens die ehr=
lichen Gefühle frommer, bewunderungswürdiger Seelen wieder=
gaben. Entschieden gefiel mir der Prediger der Hochkirche besser,
aber ich mußte zu ihm sagen: Ich sehe, mein Herr, im Grunde
verstehen Sie genau so wenig von der Sache als der andre."

„Es ist in jeder Beziehung merkwürdig," schreibt er einmal,
„zu bedenken, was aus dem Christentum in diesen zwei
Jahrhunderten geworden ist: On the Howard and Fryside,
as on every other — a paltry, mealy-mouthed »religion of co-
wards«, who can have no religion but a sham one, which also
as I believe awaits its abolition from the avenging powers.
Wenn Menschen ihr Antlitz von Gott abwenden und Götzen=
bilder aufstellen, zeitliche Phantasiegestalten, an Stelle des

Einen Ewigen, o weh, die Folgen davon sind von Alters her bekannt."⁶⁰)

Carlyles Stellung zur Kirche einerseits und zur dogmatisirenden theologischen Wissenschaft anderseits findet ihre Erklärung in seiner Auffassung des Gottesbegriffes.

Als Sterling an dem „Gott des Professor Teufelsdröckh" im Sartor auszusetzen fand, daß derselbe „kein persönlicher" zu sein scheine, antwortete ihm Carlyle:

„Ein schlimmer Vorwurf, ein entsetzlicher Vorwurf, auf den aber, ich bin dessen gewiß, der Professor, die Hand aufs Herz legend, mit einer Geste antworten wird, welche entschiedne Abwehr dieser Anschuldigung ausdrückt. Nur mit Blicken, nicht mit Worten, denn von dem Höchsten kann man nicht mit Worten reden. Persönlich! Unpersönlich! Einer! Drei! Was für eine Idee kann der Sterbliche hier Worten beilegen! Wer darf ihn nennen? Ich wage es nicht und thue es nicht! Daß du es thust und wagst (in einem gewissen Maße wenigstens), ist etwas, woran ich nicht den geringsten Anstoß nehme. Nein, ehrlich gesagt, ich kann mich dessen freuen, daß du ein Glaubensbekenntnis hast, welches dich glücklich macht, dir glückliche Gedanken giebt und dich stark macht zu edlen Thaten und dir den Verkehr mit guten Menschen erleichtert. Mein wahrer Wunsch ist es, daß du dies Bekenntnis lange noch behalten mögest, daß es ein Schutz vor der Hitze, ein Schutz vor dem Sturm sein möge, wie der Schatten eines großen Felsens im öden Lande. Es ist gut, wenn wir eine gedruckte Litanei haben, von der wir die Gebete ablesen, und doch ist es ebensowenig schlimm, wenn wir durch Stillschweigen zu beten vermögen; denn auch Stillschweigen wird dort oben vernommen! Schließlich sei nur gewiß, daß ich weder Heide noch Türke, noch Jude bin, sondern ein armer Christenmensch, der hier in Chelsea wohnt, in diesem Jahre der Gnade; noch bin ich ein Pan=theist, noch Pot=theist⁶¹), noch irgend ein andrer Theist

oder »Ist«, da ich den entschiedensten Abscheu habe vor System=
zimmerleuten jeder Sorte und Sektengründern (soweit als
Abscheu sich mit einer so milden Natur, wie die meinige ist,
verträgt), denn ich fühle, daß alle dergleichen Leute ein für
allemal Unrecht haben — und lange Erfahrung hat es mir
bestätigt! Durch Gottes Segen haben wir zwei Augen erhalten,
zu sehen, und eine Seele, fähig zu wissen und zu glauben.
Das ist mein ganzes Credo, auf dem ich fuße und an dem ich
festhalte. Darum bitte ich dich jedenfalls, daß, wenn immer
du in meiner oder deiner Seele auf ein Dogma stößest, das
uns einander entfremden könnte, daß du dieses für falsch
hältst, falsch wie den Teufel!"[62])

Diese Worte zeigen deutlich, in welcher Richtung Carlyles
"Religion" aufzusuchen ist: wie er es selbst wiederholt mit
Schärfe ausspricht, haben Glaubensbekenntnisse, "das Hersagen
gewisser Ceremonien,"[63]) "neunundreißig Artikel," Ritualien
und Liturgien, Hierarchien und Katechismen mit dem Wesen
des Glaubens, mit dem Wesen der Religion nichts zu schaffen,
denn "Religion ist eben gar keine Äußerlichkeit;"[64]) jene
Dinge sind nur die äußere Hülle, das Gewand der Religion
("an den Elbogen ist es nun durchgestoßen genug!"[65]) sie müssen
erst schwinden und "ihr Absterben selbst einsehen," ehe der
wahre Geist der Religion überall sich zeigen kann, "neuverjüngt
dem Himmel entstammend." (Sartor 114.)

Religion ist das Himmelslicht, welches im Innern der
Menschenseele lodert (Latter-Day Pamphl. 195), sie ist die große
himmlische, erhabene Wahrheit, die uns mitten im wechsel=
vollen Laufe der Welt als Freude, Trost und Stütze verliehen
ist, sie ist die ewige Wahrheit, die wir nie in Frage ziehen
können:[66]) sie besteht nicht in den vielen Dingen, die der
Mensch zu glauben versucht und sich abmüht, sondern in dem
Wenigen, was für sein innerstes Herz über jeden Zweifel
erhaben ist.[67])

Dritter Abschnitt. Carlyle und die Erscheinungsformen des Christentums

Deshalb ist es ganz vergeblich, unmöglich und für den schwachen Geist sogar gefährlich und schädlich, die Notwendigkeit und Möglichkeit der Religion auf metaphysischem Wege darthun zu wollen; es ist unmöglich: weil die Religion nicht Sache des logischen, mathematischen Verstandes ist, sondern des menschlichen, fühlenden Herzens, des lebendigen Glaubens.[68]) „Ein Amalgam von christlichen Wahrheiten und moderner, kritischer Philosophie war und konnte nichts andres sein, als giftige Unehrlichkeit."[69]) Über dieses Thema handelt — kann man wohl sagen — Carlyles Lebensbeschreibung Sterlings.

Es ist die feinausgeführte Geschichte des ernsten, treuen Bestrebens von John Sterling, die Theologie — nach Coleridges Vorgang — mit der kritischen Philosophie Kants in Beziehung und Einklang zu bringen, und des Scheiterns dieses Versuchs für eine wahre und offene Natur.

„Kein Mann von Sterlings Wahrheitsliebe kann solches unternehmen, wenn er sein Gewissen und sein Herz zu Rate zieht und wenn sein Gewissen eine offene Antwort zu geben imstande ist und nicht geblendet und verwirrt ist durch Phantasiekünste und theosophischen Mondschein. Sein Herz würde geantwortet haben: »Nein, du kannst nicht! Was dir unglaublich scheint, das darfst du, bei Gefahr deines Seelenheils, nicht dich abmühen und plagen, endlich noch zu glauben. Wo anders liegt die Rettung, hier liegt der Tod! Geh unter und stirb, wenn du mußt, aber nicht mit einer Lüge auf der Zunge, beim himmlischen Schöpfer nicht!"[70])

„Was Sterlings Versuch anbetrifft, im Schoße der alten Kirche Heil zu finden und sich verzweifelnd am Saum ihres Kleides anzuhalten, so wird man heute wohl sehr verschiedener Meinung darüber sein, die meinige besteht in einer einfachen Mißbilligung dieses Schrittes, in mitleidiger Verdammung desselben, als eines übereilten, falschen und unweisen Schrittes. O weh, wenn wir doch die göttliche und schreckliche Natur der Wahrheit Gottes erkennen würden und sie nicht schlimmer vergäßen, als unsre Vorfahren je, unselige Geschöpfe, die wir sind. Könnten wir, dürften wir in unsern kühnsten Augenblicken deren Denken Gottes Wahrheit mit der Welt Lüge zu vermählen, der Welt Lüge, welche wie alle Lügen der Hölle Lügen sind? Nur die äußerste Stumpfheit der Menschen kann solches thun und für fromm und heilsam halten. Thoren! »denkt ihr, der lebendige Gott ist ein stumpfsinniges Götzenbild?« fragt ernst Milton, »ihr, die ihr ihm so zu nahen wagt?« Solche Finsternis, solche dicken Wolken der Niederträchtigkeit und alles vergessenden, kurzdenkenden Schlechtigkeit umgeben uns und ziehen sich zusammen, wie mit ewigem Schlaf uns zu umgeben. Man hat jetzt vergessen, was nie früher des Beweises bedurfte, daß Religion nicht ein Zweifeln ist, daß sie eine Gewißheit ist — oder sonst zum Spott und Verderben wird. Daß keins, oder alle von den Dingen, die wir bezweifeln oder die für uns des Beweises bedürfen und »wahrscheinlich« gemacht werden sollen, wenn wir sie auch chemisch destilliren, wie wir wollen, eine »Religion« ergeben — sondern daß alles dies auf ewig ist und bleibt nichts andres, als offene oder geheime Heuchelei. Und Rettung bringt? Denken wir? Nein, ich glaube, sie wird etwas andres bringen und bringt schon andre Dinge die ganze Zeit, überall, wo wir hinschauen."[71])

Denselben Text enthalten Carlyles Worte in der furchtbaren Strafpredigt gegen die Jesuiten:[72])

„Des Mannes Religion, wie sie auch beschaffen sein mag, ist eine abgeschlossene Thatsache für ihn, oder eine Reihe von Thatsachen, auf diese stützt er sich und schaut der Zeit und Ewigkeit auf dieser Grundlage fest ins Antlitz; zweifeln kann er nicht daran, er muß seine Zweifel aufgeben oder ihn festhalten, zur Gewißheit eines Ja oder Nein kommen, oder die Zweifel werden den Tod seiner Religion herbeiführen. Aber die Zweifel zur Gewißheit eines Ja und Nein bringen, oder wie es nach der Methode des heiligen Ignatius möglich ist, zur Gewißheit des »Ja, obwohl Nein:« was wird aus der Religion dieses Menschen? Die lebendige Überzeugung dieses Menschen von seinem Geschick und seiner Stellung in der Welt befindet sich in einer merkwürdigen Verfassung — und in Wahrheit flüchtet sie sich, wie ich beobachtet habe, oft in den Magen. Dieser Mensch absolvirt seine vorschriftsmäßige Maschinenthätigkeit, in der Kirche und sonstwo, beruhigt dadurch sein Gewissen und bleibt immer verständig und gemütlich; in einem leeren Winkel seines Gehirns, wenn ihm noch ein bischen Phantasie übrig geblieben ist, geht mitunter ein merkwürdiger Tanz vor sich von traumhaften Hypothesen, sentimentalen Erinnerungen, Schatten und anderen leeren Quid pro quos — welche alle, glaub' ich, etwas andres vorstellen, als einen festen Besitz, was weder zu einem klaren Glauben führt, noch zu einer göttlichen Gewißheit — auf Leben und Tod — irgend einer Art; sondern zu einem dumpfen Delirium Somnians und Delirium stertens. Weder in seinem Herzen, noch in seinem Kopfe hat dieser Mensch Religion."[73])

„Pig Philosophy" ist das Resultat solcher Manöver.

Besonders die von Coleridge zuerst eingeschlagene Richtung, in welcher, mehr oder weniger glücklich, treffliche Männer wie Maurice, Kingsley, Hare und Sterling das Heil gesucht hatten, nimmt Carlyle vor, wenn er auf dies Gebiet zu sprechen kommt. Den wahren Kern, die redliche Absicht von Coleridges Bestrebungen, verkennt er dabei keinesfalls: „Ich will nicht ungerecht sein," sagt er, „gegen diesen großen, denkwürdigen Mann. Sicherlich ruhte hier in seiner frommen, immer regen und fleißigen Seele eine köstliche Wahrheit oder wenigstens eine Ahnung davon; und doch war es im ganzen ein schwerer Irrtum. Die Ahnung der Wahrheit, daß trotz aller mechanischen Wissenschaftslehre und vorübergehenden geistigen Stumpfheit und Verblendung der Mensch und die Welt ewig und göttlich wären; daß keine edle That, keine Offenbarung des Göttlichen je vergehen könne. Sehr wahr, sicherlich, und von jedem anzunehmen. Gut ist auch der Gedanke, soviel wie möglich aus den alten Kirchen und den Symbolen des Edeln zu machen und die noch rauchenden Trümmer nicht zu verlassen, so lange sie noch kostbares Gold bergen. Aber ein für allemal soll man nicht denken, daß man mit »logischer Alchymie« noch himmlisches Licht daraus gewinnen kann, oder daß das daraus gewonnene »Himmelslicht«, tote logische Phantastereien, irgend etwas nütze wären! Was das Licht unsrer Seele, welches die direkte Offenbarung des Allmächtigen ist, für unglaublich hält, das — in Gottes Namen — glaube nicht, und laß es ungeglaubt; bei deinem Seelenheil, versuche es nicht. Nicht der spitzfindigste Hocupocus von »Vernunft« gegen »Verstand« wird dir hierbei etwas helfen — und es ist entsetzlich gefährlich auf diesem Gebiete."⁷⁴)

Derselbe Gedanke wird in einem Briefe an Sterling vom 7. Juni 1837 ausgesprochen:⁷⁵) „Du benachrichtigst mich, daß du Philosophie und Theologie aufgiebst und sie mehr und mehr meiden wirst. Ich sage dir, meine entschiedene Voraussicht geht dahin, daß diese beiden Provinzen sich völlig in Theorie, Hirngespinnste und Schatten auflösen, in denen keine Seele festen Halt für sich finden kann. Schatten, sage ich — aber der Schatten einer ewigen Wahrheit, die wir im Herzen tragen. Gieb den Schatten auf und suche die Wahrheit!"

Vierter Abschnitt

Gott

Und was nun Carlyle für „die Wahrheit" hält, braucht nach dem Vorhergehenden nur in wenigen Worten dargelegt zu werden.

Keine „neue Religion"⁷⁶) soll geschaffen werden: „Nur einfältige Seelen rufen beständig nach einer »neuen Religion.« Meine Freunde, diese eure »neue Religion« werdet ihr nie erhalten; ich fühle, ihr habt sie schon, hattet sie stets! Alles Wahre ist eure Religion! Vom ewigen Gotte euch auferlegt, sie durch Thaten zu zeigen!"⁷⁷)

Ihre Weltanschauung ist zu allen Zeiten ein Spiegelbild der Menschen gewesen und „wenn ihr keinen Himmel habt, zu dem ihr aufblicken könnt, lahm und verloren und versunken in dem pfadlosen Sumpfe dieser Welt, ohne Licht von oben, so ist es nicht die Schuld des Himmels, sondern eure eigne. Also, auf! Bessere vor allem dich selbst, arbeite und ruhe nicht eher, denn die Nacht kommt, wo niemand wirken kann."

Diese neue Religion ist keine Pille,⁷⁸) die man hinunterschluckt — sie ist die „Wiedererweckung der schlummernden Seele" (Past and Pres. S. 199), die sich zum wahren und warmen Glauben an Gott aufraffen muß und zur sittlichen

That, diese „neue Religion" besteht in dem wiederzuerringenden religiösen Gefühl, einer Verwandlung des Herzens:[79]) darin liegt das Heil der Welt.

„Die Gesetze des Schöpfers, ob sie im Sinaidonner der Welt verkündet werden, oder irgendwie der Seele offenbart, sind der Wille Gottes, immer und ewig, unbedingten Gehorsam vom Menschen fordernd... ein Gesetz herrscht im Weltall, und die große Seele der Welt ist gerecht, nicht ungerecht. Schaue, wenn du noch eine Seele hast, dieses grenzenlose Unbegreifliche! Siehe, der Kern aller wirbelnden Erscheinungen in Raum und Zeit, ist und lebt hier nicht, still und ewig ein Allgerechter, unendlich Schöner? Die einzige Realität?[80]) Die oberste Macht, das All übersehend und beherrschend? Das ist keine Phrase, sondern eine Thatsache! Die Thatsache der Gravitation, welche jedem Geschöpf bekannt ist, ist nicht sicherer, wie dieses höhere, innere Faktum, welches alle Menschen zu erkennen vermögen. Wer es erkennt, dem senkt es sich still, unaussprechlich und gewaltig ins Herz! Er wird mit Faust sagen: Wer darf ihn nennen? Alle Symbole und »Namen,« die ihm aufstoßen werden — sind eben bloße Namen dessen, was »Namenlos« bleiben wird. In Stille, im ewigen Tempel wollen wir ihn verehren, da wir keine Worte finden. Aber dies Bewußtsein, die Krone seines ganzen geistigen Lebens und Wesens, das Leben seines Lebens, laßt es ihn bewahren und laßt ihn heilig danach seinen Wandel führen. Er hat Religion. Täglich und stündlich, für sich selbst und die ganze Welt erhebt er ein treues, unausgesprochenes, aber nicht erfolgloses Gebet »Dein Wille geschehe.«[81]) Sein ganzes Leben auf Erden ist ein symbolisch gesprochenes, ein »gethanes« Gebet: möge Gottes Wille geschehen — und nicht des Teufels Wille oder der Höllenknechte Wille! Er hat Religion, dieser Mann! Einen ewigen Leitstern, der desto heller am Himmel strahlt, je düsterer auf Erden die Nacht um ihn ist." (Past and Pres. 197.)

Gottes Wille zu vollführen, gottgefällig zu leben, das ist die einfache Carlylesche Lehre — ob das Herz sich dabei glückselig fühlt oder nicht, kommt für Carlyle gar nicht in Betracht: der Mensch soll Gottes Gebote halten, sittlich sein. Und nur insofern, als das Christentum diese Lehre giebt, nur insofern, als die christliche das vollkommenste Ideal einer „sittlichen Religion" ist, bringt ihm Carlyle seine unbedingte Verehrung entgegen; mit ihren Formalien, „Ritualien, Glaubenslehren und Ceremonien" (wie er selbst stets sagt) hat Carlyle nichts zu schaffen; um die Fichteschen Worte zu gebrauchen, kommt es ihm nicht darauf an, in seine religiöse Weltanschauung „Merkmale von Gott mit aufzunehmen, von denen ausdrücklich zugestanden wird [oder wenigstens zugestanden werden sollte], daß sie keine Beziehung auf unsre sittliche Bestimmung haben."[82])

Fünfter Abschnitt

Carlyles Stellung zur Wissenschaft, besonders zur Philosophie

> C'est d'Allemagne que Carlyle a tiré ses plus grandes idées. Il y a étudié.... De 1780 à 1830 l'Allemagne a produit toutes les idées de notre âge historique, et pendant un demi-siècle encore, pendant un siècle peut-être, notre grande affaire sera de les repenser
> Taine, Idéalisme Anglais S. 72 ff. (auch in seiner Lit.- Gesch. 5, 4, § 2, I, S. 658 [engl. Übers.]).
>
> An irreverent knowledge is no knowledge.
> Carlyle, Essays 6, 178.

us Carlyles innerster Überzeugung, daß die — unbewußt lebendige — Religiosität, jenes Gefühl der Verehrung des Göttlichen überall — nicht nur dem höchsten, sittlichen Bedürfnisse genügt, sondern thatsächlich die einzige, höchste Blüte des Menschen ausmacht, aus dieser Überzeugung erklärt sich seine Stellung zur Wissenschaft⁶³) überhaupt, zur Philosophie insbesondre.

Wenn der „philosophisch-wissenschaftliche Zustand" der Zeit (wie Fichte sich ausdrückt) sich dahin neigt, „durchaus nichts gelten zu lassen, als was man begreife", und als „Maßstab des Begreiflichen" den bloß sinnlichen Erfahrungsbegriff⁶⁴) anlegt und mitbringt,"⁶⁵) oder sich auf eine Erkenntnis stützt, deren

Basis lediglich logische Schlüsse und Deduktionen sind, wenn diese „philosophisch=wissenschaftliche" Richtung das Unbegreifliche, Geheimnisvolle, Transcendente und im eigentlichen Sinne „Metaphysische," welches doch das Element der Religion ab= giebt (Fichte 7, 241), zu ignoriren oder gar zu unterdrücken versucht oder als lächerliche Schwärmerei und Mystik bezeichnet, so hat Carlyle selbstverständlich nichts mit dieser Richtung ge= mein, welche er in der gesamten englisch=französischen Philo= sophie bis zu seiner Zeit verbreitet findet.

Aber freudigen Herzens erkennt er die Früchte und Ziele der „echten" Philosophie an, welche für ihn in den Bestre= bungen der deutschen Denker liegt — deren erste Dämmerung er für England durch Dugald Stewart gekommen sah.[86])

Nach seiner Überzeugung wurde in Deutschland zuerst durch die kritische Philosophie Kants eine richtige Erkenntnis ermög= licht von dem Wesen der Philosophie und ihrer Aufgabe — ihrer Aufgabe (nach Carlyles Auffassung), „auf ein unzweifel= haftes Prinzip, die Annahme des »Urwahren,« gestützt —, das innere Auge der Wahrheit zu eröffnen" (Essays 1, 70); auf die „Urwahrheit" gestützt, welche, als Anfang aller Philo= sophie in die menschliche Seele geschrieben ist (ebd.), auf jene Wahrheit, welche von der Philosophie selbst nie hervor= gebracht werden kann,[87]) deren Dasein die Philosophie selbst nie mit der Hilfe der Logik und „Erkenntnis" zu beweisen vermag.

Der Philosophie selbst erkennt Carlyle unbedingt nur einen beschränkten Wirkungskreis zu: er sieht sie nur als hohes und edles Mittel zu einem höheren und edleren Zweck an: zu dem höheren Zweck, die Einsicht zu verbreiten, daß „der Glaube, die Religion" für alle Geister, auch für die Denker und Philo= sophen, die höchste dem Menschen verliehene Gabe ist — eine Gabe, welche (nach Carlyles Ansicht) selbst wieder nur Mittel zum Zweck ist: zum Zweck der lebendigen That.

Diese philosophische Erkenntnis zum wissenschaftlichen Faktum erhoben zu haben, war der Dienst, den die deutsche Philosophie — in Carlyles Augen — der Menschheit geleistet hat.[88]) Diese Grundlage von Carlyles Stellung zur Philosophie zeigt sich auch überall in seinem Urteile über die einzelnen Richtungen, welche die Geschichte der Philosophie genommen, über die einzelnen Philosophen.

„In den meisten europäischen Staaten giebt es heutzutage so gut wie keine Wissenschaft des Geistes; Fortschritte werden gemacht, mehr oder weniger ausschließlich in der Wissenschaft oder den Wissenschaften, welche es mit den Erscheinungen der äußern Welt zu thun haben."... »So steht's in Frankreich, so in England, nur die Deutschen nehmen einen entschiednen Anlauf in der „psychologischen Wissenschaft;" die Wissenschaft unsrer Zeit ist Physik, Chemie, Physiologie — vom mechanischen Gesichtspunkt aus betrachtet. Unsre Lieblingswissenschaft, die Mathematik, die hochgepriesene Erklärerin dieser andern Wissenschaften, ist mehr und mehr mechanisch geworden. Eine hervorragende Stellung in den höheren Gebieten der Mathematik hängt jetzt weniger von der natürlichen Begabung, als einer gewissen Erfahrung und Routine ab. Ohne die großartigen Resultate, zu denen ein Lagrange und Laplace mit diesen Hilfsmitteln gekommen ist, zu unterschätzen, müssen wir doch gestehen, daß der differentielle und integrale Kalkulus wenig mehr*) als eine höchst fein ersonnene arithmetische Mahlmühle ist, wo man die Faktoren auf der einen Seite hineinschiebt, und wenn sie nachher zu dem gehörigen Produkte gemahlen sind, wieder erhält, ohne viel andre Mühe, als diejenige die Mahlmühle eifrig gedreht zu haben. Wir haben mehr Mathematik als je, aber weniger $\mu\alpha\vartheta_\iota\sigma\iota\varsigma$;[89]) Archimedes und Plato hätten nicht die Mécanique Céleste lesen können, aber das ganze Institut français ist seiner-

---

*) Über Carlyles mathematische ernste und langjährige Studien siehe den ersten Teil dieser Arbeit.

Fünfter Abschnitt. Carlyles Stellung zur Wissenschaft

seits außer stande, in dem Satze: „Gott verfährt nach geometrischen Regeln" etwas andres als eine sentimentale Rodomontade zu sehen.⁹⁰)

Und ebenso ist unsre ganze Metaphysik von Lockes Zeiten an eine Art Physik gewesen, keine psychologische Wissenschaft (spiritual philosophy),*) sondern eine physische, materielle. Die merkwürdige Hochachtung, mit welcher man seinen Essay stets in der Reihe der wissenschaftlichen Werke gehalten hat (eine Hochachtung, begründet auf den trefflichen Charakter des Mannes), wird einst ein merkwürdiges Zeichen sein für die Richtung dieser Zeiten. Seine ganze Lehre ist mechanisch, ihrem Ziel und Ursprung nach, in ihrer Methode und ihren Ergebnissen. Es ist keine Philosophie des Geistes, es ist nur eine Untersuchung über den Ursprung unsers Bewußtseins, unsrer Ideen, oder wie man es sonst nennen mag; eine genetische Geschichte dessen, was man mit und in dem Geiste zu sehen vermag, die großen Geheimnisse der sittlichen Pflicht und der sittlichen Freiheit, des Geistes bedingte oder unbedingte Abhängigkeit von der Materie, unsre geheimnisvollen Beziehungen zu Raum und Zeit,⁹¹) zu Gott, zum Weltall werden in all diesen Untersuchungen nie berührt und scheinen nicht den geringsten Zusammenhang mit dem Inhalte des Essays zu haben.

Die jüngste Ordnung der schottischen Metaphysiker hatte eine undeutliche Vorstellung, daß dieses falsch wäre, aber sie vermochten es nicht zu bessern. Die Schule Reids hat von Anfang an die mechanische Richtung genommen, da sie keine andre sah; die wunderbaren Schlüsse, zu denen Hume (von den Thatsachen, welche auch von der Reidschen Schule angenommen wurden, ausgehend) gelangte, gründete diese Schulrichtung; sie ließen den „Instinkt" los⁹²) wie einen Kettenhund, um sich vor den Schlüssen der Gegner zu sichern, lustig zerrten sie an der logischen Kette,

---

*) Die englischen Worte sind nicht genau zu übersetzen. Wir thun dem Worte spiritual mit der Übersetzung psychologisch fast zu viel Ehre an.

an der Hume sie und die ganze Welt in bodenlose Abgründe des Atheismus und Fatalismus zerrte. Aber irgendwie riß die Kette zwischen ihnen, und das Ende war, daß sich keiner mehr um den andern kümmerte — ebensowenig wie um die gleichzeitigen philosophischen Bewegungen in England, die sich an die Namen Hartleys, Darwins und Priestleys knüpften. Hartleys „vibrations" und „vibratiuncles" waren, man könnte wohl glauben, mechanisch und materiell genug, aber unsre Nachbarn auf dem Kontinente gingen noch weiter.

Einer ihrer Philosophen hat ja entdeckt, daß wie die Leber Galle produzirt, so das Gehirn den Gedanken ausscheidet; eine staunenswerte Thatsache dies, welche erst neulich Dr. Cabanis in seinen Rapports du Physique et du Moral de l'homme[83]) in seine äußersten Enden verfolgt hat. Die Metaphysik dieses Forschers ist doch wenigstens nicht schattenhaft und unsubstantiell! Er zerlegt die ganze ethische Struktur des Menschen mit seinem Sezirmesser, mit wirklichen „psychologischen Sonden" und unterbreitet sie dann dem „denkenden Urteil" der Welt, unter einem Leuwenhoekschen Mikroskop und bläst sie dann mit seinem anatomischen Tubus auf. Der Gedanke — so nimmt auch er an — wird noch immer von dem Gehirn ausgeschieden; aber dann freilich könnte man folgern — eine interessante Thatsache übrigens —, daß Poesie und Religion ein „Produkt der Eingeweide" sind. Wir hegen die größte Bewunderung für diesen gelehrten Mann; mit welch wissenschaftlichem Stoizismus schreitet er nicht durch die Welt der Wunder — ohne zu staunen; wie ein weiser Mann durch ein enormes, geschmacklos buntes Vauxhall,*) dessen Feuerwerk und Kaskaden und schmetternde Musik wohl für den Pöbel Stoff des Genusses und der Freude ist, für ihn aber weiter nichts als Salpeter, Pappe und Darmsaiten." (Essays 2, 238.)

*) Das Londoner Vauxhall ist dem deutschen Leser aus Thackerays Vanity Fair und Dickens bekannt.

Fünfter Abschnitt. Carlyles Stellung zur Wissenschaft

Wir brechen hier Carlyles Betrachtungen über die mechanische Weltanschauung der englischen und französischen Philosophen ab und wenden uns zu seinem Urteile über diejenige Philosophie, welche dieser "Verkehrung aller Philosophie" ein Ende machte: zu seinem Urteil über die deutsche kritische Philosophie.

"Der Kantianer — im Gegensatz zu Locke und seinen Anhängern, zur französischen, englischen und schottischen Schulrichtung — fängt von innen an und schreitet nach außen fort, statt von außen anzufangen und mit verschiednen Vorsichtsmaßregeln und Zögerungen ins Innere zu dringen. Das letzte Ziel der Philosophie muß darin bestehen, die Erscheinungen zu erklären, in dem gegebenen Symbole die verborgene Wahrheit zu erkennen. Der erste Schritt hierbei — das Ziel dessen, was man Primär- oder kritische Philosophie nennen kann, muß nun darin bestehen, ein unzweifelhaftes Prinzip zu entdecken, uns auf einen unwandelbaren Grund zu stellen, zu entdecken, was die Deutschen das Urwahre nennen, die ursprüngliche, notwendige, absolute, ewige Wahrheit. Diese notwendige Wahrheit findet Locke stillschweigend und Reid und seine Anhänger mit etwas mehr Lärm in einer gewissen modifizirten Erfahrung und Bestätigung durch die Sinne, oder gar in dem »allgemeinen und natürlichen« Gefühle [94]) aller Menschen. Das findet keine Statt bei den Deutschen; sie leugnen, daß in dieser Richtung irgendwelche Wahrheit gefunden werden kann und daß auf diesem Grunde das Gebäude irgend einer Philosophie errichtet werden kann; sie sagen sogar schließlich, daß ein Appell an das allgemeine Urteil der Menschen zu einer völligen Auflösung der wahren Philosophie [95]) führe und nicht nur ihre Entwicklung, sondern auch ihre Existenz unmöglich machen würde. Was haben die Überzeugungen und instinktmäßigen Glaubensanschauungen der Menschen hierbei zu schaffen? Ist es denn nicht die Aufgabe der Philosophie, gerade diese »Glaubenssätze« zu erleuchten, zu berichtigen und oft denselben geradezu zu widersprechen.

Die Deutschen nehmen die Sache von einer andern Seite auf. Sie greifen Hume nicht in den äußern Vorwerken seiner Befestigungen an,[96]) sondern im Kern seiner Festung. Sie leugnen seinen ersten Grundsatz, daß die Sinne die einzigen Straßen des Wissens sind, die Erfahrung die Grundlage für den Glauben. Ihre Grundwahrheit suchen sie weder historisch noch mit Experiment in der allgemeinen Überzeugung der Leute, sondern mit Hilfe der Intuition in der tiefsten und reinsten Menschennatur. Statt vergeblich zu versuchen die Existenz Gottes, der Sittlichkeit und der immateriellen Seele zu beweisen, kommen sie zu dem Schlusse, daß diese Dinge als der Beginn aller Philosophie geschrieben stehen in dunkler, aber unauslöschlicher Schrift in unser innerstes Wesen, daß diese Dinge erst überhaupt imstande sind, Gewißheit und Bedeutung dieser materiellen Welt zu geben, der materiellen Welt, welche unsre Philosophie benutzen möchte, eben jene Prinzipien zu beweisen. Gott ist, ja Gott ist das einzige Seiende,[97]) denn wir können die Existenz keines andern mit gleicher Emphase betonen. Dies ist die absolute, erste Wahrheit, welche der Philosoph zu erkennen sucht. Sich abzumühen mit logischen Beweisgründen, die Existenz Gottes zu beweisen, würde für einen Kantianer genau so sein, als ob jemand ein Talglicht anbrennen wollte, um die Sonne besser zu sehen, ja es könnte vorkommen, daß jener sein Kerzenlicht starr ansieht und die Sonne für ihn verschwindet.

Das innere Auge für den Anblick dieser ersten Grundwahrheit zu öffnen, oder, wie wir lieber sagen möchten, die Verdunkelungen der Sinne, welche diese Wahrheit in unsrer Seele beschatten, zu beseitigen, so daß wir dieselbe Wahrheit schauen können und sie nicht nur für wahr, sondern für den Grund und das Wesen aller Wahrheit halten — das ist — in unsre Gedanken und Ausdrucksweise übersetzt — der Kern und das Ziel der kritischen Philosophie.[98])

Von diesem Gesichtspunkte aus betrachtet kann man denken,

Fünfter Abschnitt. Carlyles Stellung zur Wissenschaft

daß dies kantische System eine entfernte Ähnlichkeit mit dem von Malebranche und Descartes hat, aber wenn sie bis zu einem gewissen Grade übereinstimmen, sosind ihre Mittel und Wege gänzlich verschieden. Wir müssen hier feststellen, was uns stets als ein Fundamentalerkennungszeichen der kantischen Philosophie gegolten hat,[99]) wenngleich es selten so ausgedrückt worden ist: es ist die Unterscheidung von Verstand (understanding) und Vernunft (reason).[100]) Für den Kantianer sind Vernunft und Verstand Organe oder eher Modi der geistigen Thätigkeit, mit deren Hilfe die Wahrheit entdeckt wird, aber ihre Operationsweise ist wesentlich verschieden und ihre Gebiete zu scheiden und auseinander zu halten höchst wichtig und nötig. Die Vernunft, sagt der Kantianer, ist höherer Natur als der Verstand, arbeitet mit geheimnisvolleren Mitteln, nach höheren Zielen hin und erfordert eine viel höhere Kultur zu ihrer Entwicklung, so daß sie bei manchen Menschen oft gar nicht zur vollen Entwicklung kommt; die Ergebnisse ihrer Thätigkeit sind nicht weniger sicher als die des Verstandes, sogar viel sicherer; denn die Vernunft erkennt die Wahrheit selbst, das absolut und ursprünglich Wahre; während der Verstand nur Beziehungen unterscheiden kann, und nicht ohne ein »Wenn« zu entscheiden vermag; das eigentliche Gebiet des Verstandes ist das — sozusagen — reale, praktische und materielle Wissen: Mathematik, Physik und Nationalökonomie, die Anwendung der Mittel zum Zwecke im Gebiete des Lebens. In diesem Gebiete ist der Verstand der unentbehrliche und vollständig ausreichende Gehilfe des Geistes, ohne den das Leben unmöglich sein würde. Aber über seine Grenze darf er sich nicht entfernen, er darf nicht das Reich der Vernunft sich anmaßen, der Vernunft, der er gehorchen muß und über die er nicht die Herrschaft führen kann, ohne den Ruin des Geistes herbeizuführen. Sollte der Verstand es wagen, das Dasein Gottes zu beweisen, so ist das Ende — wenn er konsequent bleibt — Atheismus oder ein schwächlicher, blasser Theismus, der sich von diesem kaum unterscheidet; würde er es unternehmen, über die Sittlichkeit zu spekuliren, so ist das Ende eine Nützlichkeitsphilosophie, welche Klugheit und eine genügend schlaue Selbstliebe zum höchsten Gute stempelt. Frage den Verstand über die Schönheit der Poesie und er antwortet: »Wo steckt denn diese Schönheit?« und findet sie schließlich vielleicht in Rhythmen und geschmackvollen Wendungen und in männlichen und weiblichen Reimen. Sei schließlich Zeuge, wie er sich in ewigen Paradoxen ergeht über Notwendigkeit und sittliche Freiheit, und beobachte sein bedeutsames Stillschweigen bei der Frage nach dem Zweck und der Bestimmung des Menschen, und mache dir klar, welches unlösbare Rätsel für den bloßen Verstand das ganze Dasein werden muß." (Essays I, 70.)

Carlyles Hauptinteresse an den Bestrebungen und Ergebnissen der kantischen Philosophie im besondern, und des deutschen Idealismus überhaupt, galt — wie sich dies aus der ganzen Richtung seiner Weltanschauung erklärt — weniger den erkenntnistheoretischen Untersuchungen, als der neubegründeten Ethik und Religionslehre.

„Wir wollen nichts sagen von den Ausblicken, welche diese Philosophie auf den Verlauf und die Entwicklung der Naturwissenschaften eröffnet, aber wir können nicht umhin, zu behaupten, daß für den, der ihr anhängt, ihre Wirkungen auf die Ethik und Religion unberechenbare sind.... Die kritische Philosophie... kann die größte geistige Errungenschaft dieses Jahrhunderts genannt werden. August Wilhelm Schlegel (den ich hier als anerkannte Autorität für Engländer zitire) hat in einfachen Worten sich dahin geäußert, daß in Bezug auf ihren wahrscheinlichen Einfluß auf die sittliche Kultur Europas dieselbe auf einer Stufe mit der Reformation steht.... Die erhabene Ethik, die reinere Theologie, die erhabenen, kühnen Anschauungen über das Wesen des Menschen, welche alle aus ihr fließen, haben ihren hervorragenden und wohlthätigen Einfluß auf den ganzen geistigen Charakter Deutschlands gezeigt. Es giebt keinen hervorragenden Schriftsteller dieses Landes — ob er mit der kritischen Philosophie bekannt ist oder nicht —, welchen nicht ein gewisser Geist der Demut und Verehrung vor dem Übersinnlichen und dabei ein freier Gedankenflug auszeichnet, den er mehr oder weniger durch sie gewonnen hat. Solche Männer wie Goethe und Schiller können in keinem Lande und in keinem Zeitalter leben ohne großen Einfluß, aber, wenn irgend ein Umstand dazu beigetragen hat, ihre Bestrebungen vorwärts zu bringen und jene größere, höhere Richtung in die deutsche Literatur zu bringen, so ist es dieses philosophische System gewesen." (Essays 2, 104; 1, 66.)

Der kantischen Philosophie legt Carlyle auf diese Weise die höchste, ja fast einzige Bedeutung bei, und so ist es zu erklären, daß Kants große Nachfolger in Carlyles Augen keine recht hervorstechende Unterschiede haben. Das Einzige, was für Carlyle in den Systemen Fichtes, Schellings und Hegels das Große und Wertvolle war, war ihre übereinstimmende Richtung des Idealismus,[101]) sonst bezeichnet er sie häufig schlechthin als „diese kantischen Systeme."[102])

Am meisten noch zog ihn Fichte an, dessen ganze männliche Gestalt ihn mit der größten Verehrung erfüllte. „Der kühle, kolossale, diamantne Geist, aufrecht und klar ragt er empor wie ein Fels, ein Cato Major in einer heruntergekommenen Zeit, ein Mann, würdig in der Stoa zu lehren und in dem Hain der Akademie über Sittlichkeit und Schönheit zu unterrichten. Solch ein starker Geist, solch eine ruhige Seele, so erhaben, durchdringend und dabei unbeweglich, hat sich den Lebensfragen nicht gewidmet seit den Tagen Luthers. Wir schauen im Geiste seinen bewegungslosen Blick, wenn er die in England gegen ihn erhobene Anklage des Mystizismus hören würde![103]) Denn der Mann erhebt sich vor unsern Augen, mitten im Streite der Parteien, wie ein Felsen von Granit in Wolken und Sturm. Man hat versucht, ihn lächerlich zu machen, aber damit kam man nicht aus. Was war der Witz von tausend Geistern gegen seinen Geist? Das Geschrei und Gekrächze von tausend Dohlen gegen einen Granitfelsen, von dessen Gipfel aus sie kaum so groß wie Mücken erschienen, wie sie tief unten an seinem Fuße schwärmten, auf dessen Gipfel ihr Geschrei selten nur gehört wurde. Fichtes Meinungen mögen wahr oder falsch sein, aber sein Charakter und seine Bedeutung als Denker kann nur von dem gering geschätzt werden, der sie schlecht kennt; als Mann, geprüft durch die That und durch Leiden, durch sein Leben und seinen Tod, scheint er zu einem Menschenschlage zu gehören aus einer edlern Zeit, als die unsre." [104])

Fichtes ganzes Streben war mit dem Carlyles zu nahe verwandt, ihre geistige Beanlagung war eine ähnliche, so daß Fichte Carlyle auf das höchste anziehen mußte und vielleicht unbewußt den größten Einfluß auf ihn hatte.

Wir würden auf jeden Fall zu weit gehen, gewisse Eigentümlichkeiten der Carlyleschen Ausdrucksweise und manchen wichtigen Satz seiner Weltanschauung direkt auf Fichte zurückzuführen (dies geschah in vielen Fällen durch die Vermittlung von Novalis), aber es bleibt doch bemerkenswert, daß Carlyles „Natürlicher Supernaturalismus" am meisten Ähnlichkeit mit Fichtes Idealismus hat. [105])

Wie bei Fichte, gipfelt seine Lehre — gegründet auf die „göttliche Weltidee," „welche allen Erscheinungen zu Grunde liegt" — im Ethisch=Religiösen. [106])

Und wenn Fichte sagt: „Nach allem ist meiner Lehre zufolge der Charakter des wahren Religiösen der: Es ist nur Ein Wunsch, der seine Brust hebt und sein Leben begeistert: die Seligkeit aller vernünftigen Wesen. Dein Reich komme, ist sein Gebet. Außer diesem einen hat nicht das Geringste Reiz für ihn, er ist der Möglichkeit, noch etwas andres zu begehren,

Fünfter Abschnitt. Carlyles Stellung zur Wissenschaft

abgestorben. Er kennt nur ein Mittel, jenen Zweck zu befördern, das, der Stimme seines Gewissens in allen seinen Handlungen unverrückt, ohne Furcht und Klügeln zu folgen. Das verknüpft ihn wiederum mit der Welt, nicht als einem Gegenstande des Genusses, sondern als mit der durch sein Gewissen ihm angewiesenen Sphäre seines pflichtmäßigen Wirkens,"[107]) wenn Fichte dies Ideal des sittlich=religiösen Menschen aufstellt, ein Ideal, das übrigens „jedem Menschen anzumuten" ist, so wüßten wir nicht, ob das Ideal von Carlyles ganzer Lehre anders formulirt werden könnte. [108])

Mehr in den Hintergrund tritt die Bedeutung Schellings und Hegels für Carlyle. Schellings Philosophie hatte ihn zwar in den Tagen, als er sich seine eigne Weltanschauung unter bitteren Seelenleiden gründete, gefesselt und in Tagebüchern und Briefen begegnen wir hin und wieder der Erwähnung von Schellings Namen,[109]) aber sein zusammenfassendes Urteil ist zu allgemein gehalten, als daß wir annehmen dürften, daß Schelling dauernden Einfluß auf Carlyles Geist gewonnen hätte. Er sagt über ihn: „Er ist ein Mann offenbar von tiefer Einsicht in das Einzelne, spricht weise und verfährt mit dem größten Scharfsinn, in allen Fragen, wo wir seine Gedanken verstehen konnten." (Essays I, 65.)

Schellings Einfluß in England war jedenfalls viel bedeutender auf Coleridge und dessen nächsten Schüler.

Über Hegel selbst spricht Carlyle niemals sich so deutlich aus, als daß wir irgend etwas näheres über seine Stellung zu ihm sagen könnten, „er hielt ihn in Ehren" — wie Fronde sagt (2, ch. II), und wir werden noch einer Stelle begegnen, wo seine und Hegels Anschauungen völlig übereinstimmen, ohne dabei irgend welche Schlüsse zu wagen.

Wie sehr Carlyle die Vertreter des deutschen Idealismus verehrte, wie sehr er selbst von dieser Richtung durchdrungen war — so müssen wir doch hier, am Schlusse unsrer Betrach=

tungen über seine Stellung zur Philosophie, nochmals hervorheben, daß er der ganzen idealistischen, systematischen Spekulation keinen Selbstzweck zuerkannte. In dem Aufsatze „Characteristics" spricht er ausdrücklich von der „Krankheit der Metaphysik"[110]) (Essays 4, 22, Anmerkung) seine Meinung geht dahin, daß „der Mensch nicht zu grübeln und Unergründliches zu erforschen habe," sondern zu arbeiten und zu wirken, er geht sogar einmal soweit, die bloße „Notwendigkeit, daß es eine Philosophie geben müsse, für ein Übel" zu halten (Essays 4, 22) und erkennt der Philosophie keine selbständige Rolle zu, ihr Wesen sei in Poesie und Religion schon enthalten.

„Die metaphysische Spekulation ist, wenn sie ein notwendiges Übel ist, doch der Vorläufer von einem großen Gut, denn wenn auch die moderne Metaphysik noch nichts Positives hervorgebracht hat, hat sie denn nicht viel Negatives vernichtet? Sie ist eine Krankheit, welche eine andre vertreibt:[111]) das Feuer des Zweifels, welches das Zweifelhafte selbst verzehrt, damit die gesunde Gewißheit wieder hell leuchtend zu Tage trete. An englische und französische Metaphysik denken wir hierbei nicht, nur an deutsche; denn in Frankreich und England haben wir, obwohl die Gedanken, soweit sie überhaupt den Namen »Gedanken« verdienen, skeptisch-metaphysischer Art waren, keine Metaphysik gesehen, sondern nur mehr oder weniger erfolglose Fragen über die Möglichkeit der Existenz des Gedankens. In dem Pyrrhonismus Humes und dem Materialismus Diderots hatte die Logik über das Ziel hinausgeschossen und hatte sich dabei überstürzt. Und wenn auch — um das alte Bild zu gebrauchen — der Athlet durch noch so vieles Heben sich selbst doch nicht in die Luft heben kann, so kann er sich doch aus einer schlimmen Lage herauswinden, so daß er wieder frei dasteht. Einen solchen Dienst hat die deutsche Metaphysik der Welt geleistet. Die zweite Krankheit

Fünfter Abschnitt. Carlyles Stellung zur Wissenschaft

der Spekulation hat die erste verzehrt und sich selbst mit. Friedrich Schlegel klagt viel über die Fruchtlosigkeit und das wüste Geschrei aller — auch der deutschen — Metaphysik; und mit Recht. Aber dennoch ist in dem weit sich verbreitenden, tiefen Strudel der kantischen Philosophie (Kantism), die sich bald in die Systeme Fichtes und Schellings umwandelten, und nun sich als „Hegelismus" und „Cousinismus" schließlich in Dampf aufzulösen scheint, doch ist das Ergebnis der kantischen Philosophie klar genug: daß nämlich Skeptizismus und Materialismus an sich notwendige Phänomene in der europäischen Kultur, nun sachlich und thatsächlich vernichtet sind, daß Glaube an Religion wieder möglich und sogar nötig geworden ist für den wissenschaftlichen Denker, daß das Wort Freidenker nicht mehr Leugner und Bekrittler bedeutet, sondern jemanden, der glaubt und der gern bereit ist, zu glauben. Und in der höhern Literatur Deutschlands liegt schon für ihn, der da lesen kann, der Beginn einer neuen Offenbarung des Göttlichen,... auch unsre Zeit ist nicht ohne Propheten." (Essays 4, 35, 36.)

Sechster Abschnitt

Carlyles Stellung zur Poesie und zur Kunst im Allgemeinen

> Literature is but a branch of Religion and always participates in its character; however in our time it is the only branch that still shows any greenness; and as some think must one day become the main stem.
> Characteristics, Essays 4, 20.
> Poetry is another form of Wisdom.
> Essays 2, 49.

nd kennst du keinen Propheten in dem Gewande, der Umgebung und der Sprache unsrer Zeit? Giebt es niemand, dem sich Gott und das Göttliche offenbart hat in allen gewöhnlichen und höchsten Formen des Lebens? Keinen, durch den der Ewige selbst wieder prophetisch der Welt offenbart wurde; in dessen inspirirtem Gesange, selbst in unsern elenden Tagen, des Menschen Leben wieder seine göttliche Bedeutung erhält? Kennst du keinen solchen? Ich kenne ihn und nenne ihn: Goethe! (Sartor S. 244, Anmerkung.[112])

Goethe und „mehr oder weniger Schiller und die andern" (Essays 1, 56) sind es, welche für Carlyles Anschauung von dem Wesen des Dichters die wesentlichste Grundlage geben. „Der kälteste Skeptiker, der abgehärtetste Weltmann dringt nicht

Sechster Abschnitt. Carlyles Stellung zur Poesie und zur Kunst

tiefer ein in das äußere Leben der Welt und sieht nicht mit
schärferem Auge, wie diese Männer; in ihren Werken tritt
uns die Gegenwart entgegen mit allen ihren Widersprüchen
und Verwirrungen; dürr und trocken, gemein und schändlich —
aber mit des Dichters Schönheit erfüllt und durchdrungen, denn
ihre geheime und verborgene Bedeutung liegt jetzt offen zu Tage,
und so wird das belebende Feuer darin erweckt und Blumen
und Grün erblüht wieder, wie vor Alters, in der freudlosen
Wildnis und umhüllt und umblüht die schroffsten Felsenriffe.
Denn diese Männer haben nicht nur das klare Auge, sondern
das liebende Herz. Sie sind eingedrungen in das Mysterium
der Natur und nach langer Mühe und Versuchung sind sie
eingeweiht worden; nach langem, unermüdlichem Ringen hat
die Kunst ihnen ihr Geheimnis offenbart, und so schaut der
Geist der Zeit aus ihren Werken — von erhabener, luftiger
Phantasie gebannt — ernst und inhaltschwer. Sie erfüllen die
erste Bedingung des großen und guten Dichters, sie sind große
und gute Menschen, viel haben sie erduldet und geschaut und
alles haben sie überwunden und zum Eigentum ihrer Seele
gemacht, sie haben das Leben erkannt in seinen Höhen und
seinen Tiefen, sie haben es bezwungen in beiden und vermögen
nun andre zu lehren, was es ist und wie es geführt werden
muß. Ihre Seelen sind wie ein Spiegel für uns, wo das ver=
wirrte Bild von uns selbst in milder und doch klarer Deutung
zurückgestrahlt wird. Hier ist würdiger Ernst und frohe Lust
vereinigt, Witz ruht auf tiefer, frommer Weisheit, wie der
Rasen mit seinen Blumen auf dem ewigen Felsen,[113]) dessen
Grund im Mittelpunkte der Erde liegt. Mit einem Wort, sie
haben Glauben! Aber ihr Glauben ist nicht die bleiche Blüte
der Finsternis, er ist grün und frisch duftend, denn er gedeiht
im Sonnenschein.

Und ihr Glaube ist das, was sie uns lehren, der Inhalt,
den sie in jeder edeln und schönen Form uns zu zeigen streben:

As all Natures thousand changes
But one changeless God proclaim,
So in Art's wide Kingdom ranges
One sole meaning, still the same:
This is Truth, eternal Reason,
Which from beauty takes its dress
And serene through time and season
Stands for aye in loveliness.

Das ist das Ziel der Poesie auf immer und ewig; aber in keiner neueren Literatur, die wir kennen, außer der deutschen hat man das Ziel erreicht, ja überhaupt nur treu und redlich danach gerungen." (Essays 1, 56 ff.)

Zu dieser Auffassung des Dichterberufs, welcher wir sehr oft in seinen Werken begegnen, erhob sich Carlyle durch ernstes Studium Goethes und Schillers. Man kann sich wohl denken, wie der schottische Bauernsohn, aufgewachsen mit einer ernsten und strengen, ja ursprünglich recht beschränkten Lebensauffassung, im Anfang den Sätzen der Goethe=Schillerschen Ästhetik un= gläubig gegenüberstand.

Goethes Stellung zur Kunst, seine „fast religiöse Liebe zu ihr" (fronde 1, 196), erscheint ihm im Anfang „sonderbar, un= erklärlich," es fällt ihm auf, daß man in Deutschland anders über den Dichter denkt, als in andern Ländern, noch im Herbst 1830 finden wir in seinen Tagebüchern (1, 48), vielleicht in direkter Beziehung zu Goethes zahmer Xenie: „Wer Wissen= schaft und Kunst besitzt, hat auch Religion; wer jene beiden nicht besitzt, der habe Religion," die merkwürdigen Worte (fronde 2, S. 93): „Was ist denn Kunst und Poesie? Ist das Schöne wirklich höher als das Gute? Eine höhere form desselben? Dann wäre der Dichter nicht nur ein Priester, sondern der Hohepriester. Wenn Goethe und Schiller behaupten oder uns überzeugen, daß Kunst höher stehe als Religion, meinen sie vielleicht dies? Daß, wie die Religion das Gute als unendlich (im vollen Sinne des Wortes) verschieden vom Übel*) darstellt (und das ist das Hauptelement der Wahrheit für den Menschen), daß ähnlich die Kunst diese Verschiedenheit zuläßt und in sich aufnimmt, aber ohne Feindschaft, in Friede, wie zwei entgegengesetzte Pole nicht zusammenfallen können, auch nicht in Widerstreit geraten können noch dürfen, denn beide sind wesentlich für das Ganze. In dieser Beziehung ist Goethes Ethik als eine höhere zu betrachten wie diejenige, welche uns bis jetzt bekannt war (abgesehen von ihrer Weite und Universalität)? Sehr einseitig! Aber doch ist vielleicht ein Schein von Wahrheit darin."[114])

Dies Saatkorn der Goethe-Schillerschen Lehre vom Schönen, also auch der Erhabenheit des Dichterberufs, entwickelte sich in aller Stille in Carlyle weiter, Nahrung erhielt es durch das ernste Studium Miltons, dem er sich in jener Zeit widmete. In Milton fand er — bei der höchsten Religiosität und puritanischer Gesinnung — doch Gedanken, die er mit den Goethischen in Einklang bringen konnte. Besonders kam ihm die eigentümlich didaktische Richtung entgegen, welche Milton dem Dichter zuweist. Die Größe der sittlichen Anforderung, welche Milton an den Dichter stellt, adelte in den Augen des ursprünglich doch mit schottischem Vorurteil an die Frage herantretenden den Dichterberuf, die Anforderung, daß derjenige, welcher „erhabene und reine Gedanken verkünden will," den die Hoffnung, ein großer Dichter zu werden, erfüllt, „selbst ein wahres Gedicht" sein müsse, „ein Muster des Edelsten und Würdigsten."[115]) Wie Miltons Dichterideal nicht zu verwirklichen geht „in der heißblütigen Jugend und beim süßen Duft des Weines, wo das Lied eines Verliebten oder eines Lebemannes entsteht," wie Miltons Idealdichter nicht durch „Anrufung der Frau Erinnerung und ihrer Sirenentöchter" unterstützt wird, so wird seine

---

*) Siehe den Anhang, Nr. III.

Gabe ihm verliehen „durch ein ernstes Gebet zum ewigen Geiste, der uns beschenkt mit aller Weisheit und Gabe, zu reden, der seine Seraphim aussendet mit dem heiligen Feuer seines Altars, die Lippen zu berühren und zu weihen.¹¹⁶) Wer diese Weihe empfing, muß mit Ernst und Fleiß an seiner Ausbildung arbeiten, stetig die Welt beobachten und Einsicht in alles Edle zu gewinnen suchen."¹¹⁷)

Diese Miltonschen Gedanken, wie sie in Deutschland besonders Klopstock erfüllt hatte, treten bei Carlyle in Beziehung zu den Ideen der Goethe=Schillerschen Ästhetik und bilden einen hervorragenden Teil in seinen ästhetischen Anschauungen.

Der Dichter ist ihm in erster Linie der von Gott „inspirirte Denker,"¹¹⁸) eine Seele, welche die himmlische Musik erfüllt; den Ruhm Gottes zu singen, ist seine Aufgabe. Die wahre Poesie ist so eine heilige, göttliche und inspirirte. Das Grundelement des Dichters ist also nach Carlyle die Religion, und diese Anschauung bestimmt den Standpunkt von vornherein, welchen Carlyle zu der Frage nach der Stellung der Poesie zur Religion einnimmt. Carlyles Überzeugung fällt hier entschieden mit der Hegels zusammen, welcher „die schöne Kunst nur als Befreiungsstufe, nicht als höchste Befreiung selbst" bezeichnet, und der „schönen Kunst" ihre „Zukunft in der wahrhaften Religion"¹¹⁹) anweist, und wenn Schiller, durchdrungen von dem Gefühl der höchsten ideellen Einheit des Sittlichen, Religiösen und Schönen (im Ideale), die Worte gebraucht: „Die gesunde und schöne Natur braucht keine Moral, kein Naturrecht, keine Metaphysik: Sie hätten ebenso gut hinzusetzen können, sie braucht keine Gottheit, keine Unsterblichkeit, um sich zu stützen und zu halten,"¹²⁰) so hätte diese Form des Ausdrucks auf keinen Fall die Zustimmung Carlyles gefunden, denn er hätte vielleicht eher behauptet: die gesunde Moral und Religiosität braucht keine Schönheit, denn sie hat und begreift die einzige, wahre Schönheit in sich. Für Carlyle war geradezu das religiöse

Element die innere Stütze, wie für alle Menschen, so auch für den Dichter, ein innerer Halt, Festigkeit verleihend, keine Fessel. Und wenn so für ihn Religion der Kern, das unbewußt lebendige Hauptelement des Dichters war, lag es ihm doch fern, denselben unter das Joch einer religiösen Anschauung zu beugen: wie das Sittengesetz, die sittliche Pflicht den Menschen nicht erniedrigt, sondern erhebt und befreit, so bedrückt auch die ihn durchdringende und erfüllende Gottheit den Dichter nicht, sondern verleiht ihm erst seine Weihe:

„Stets muß die schöne Kunst, wenn nicht selbst in Religion bestehen, so doch unlösbar mit ihr verschmolzen sein, wie der Körper mit der Seele;[121]) „Poesie ist nur eine andre Form der Weisheit, der Religion, ist Weisheit und Religion selbst," „die unaussprechlichste Schönheit, welche in ihrerhöchsten Klarheit Religion ist," diese Aussprüche Carlyles zeigen seine Anschauungen, welche nicht wesentlich von denen des alten Goethe abweichen, wie sie sich in den folgenden Aussprüchen zeigen:

„Die Kunst ruht auf einer Art religiösem Sinn, auf einem tiefen, unerschütterlichen Ernst, deswegen sie sich auch so gern mit der Religion vereinigt. Die Religion bedarf keines Kunstsinnes, sie ruht auf ihrem eignen Ernst, sie verleiht aber auch keinen, so wenig sie Geschmack giebt,"*) und der Ausspruch vom Jahre 1808, den wir keinesfalls bloß als Ausfluß der kunstgeschichtlichen Betrachtung fassen wollen: „Die Kunst ist eigentlich aus und mit der Religion entsprungen."**)

Daß Carlyle nicht etwa die poetische Begabung von dem religiösen Gefühle abhängig machte, muß ausdrücklich betont werden, denn sie ist nicht etwa die Gabe, religiöse Gefühle in Verse zu kleiden.

„Poesie ist — wie sie geheimnisvoll in unserm Aller-

---

*) Sprüche in Prosa, Ausg. Loeper 690.
**) Sprüche in Prosa 147.

heiligsten entsteht — eine göttliche Inspiration — sie ist gar keine einzelne, getrennte Fähigkeit, kein Organ, das zu den übrigen hinzugefügt werden oder von ihnen losgelöst werden könnte: es ist das Ergebnis, die Blüte ihrer gesamten Harmonie, sie ist ihre Vollendung.[122]) Die Gefühle, die Gaben, welche in dem Dichter leben, leben in größerer oder geringerer Entwicklung in jeder Menschenseele: die Phantasie, welche schaudert in der Hölle Dantes, ist dieselbe Fähigkeit, schwächer dem Grade nach, welche jenes Werk erschuf. Warum sonst kann der Dichter mächtig zu der Menschenbrust sprechen, als deshalb, weil er noch mehr Mensch ist wie jene!" (Essays 2, 18, Burns.)

Ein Wort, mit welchem Carlyle den Dichter immer und immer wieder bezeichnet, läßt uns deutlich sein Ideal schauen: er nennt ihn am liebsten Vates.

„Der wahre Dichter ist wie vor Alters der Seher, dessen Auge begabt worden ist, das göttliche Mysterium des Universums zu schauen und eine neue Zeile der himmlischen Offenbarung zu entziffern; wir können ihn den Vates nennen, den Seher, denn er sieht in das große Geheimnis, das »offne Geheimnis.« Verborgenes wird ihm klar, die Zukunft, wie sie auf der Gegenwart ruht, wie beide auf der Ewigkeit gegründet sind — und so sind seine Worte in der That die eines Propheten, was er gesprochen hat, soll gethan werden." (Essays 2, 12 f.; vergl. 4, 44 und 6, 49.)

Als Prophet und Seher ist ihm die höchste Aufgabe zu teil geworden, die einem Menschen zu teil werden kann: die Aufgabe, „die poetische Schönheit" zu offenbaren (4, 59): „Wie die Sonne am Himmelszelt das strahlende Auge ist, das alles erleuchtet und offenbart, so ist die Poesie, der Beruf des Weltdichters in geistiger Hinsicht," er, der Weltdichter (the world-poet) (Essays 4, 43), ist der einzige „wahre Ausleger des Unsichtbaren" (Essays 5, 72), Ewigen, wie es sich in der Welt zeigt. Er hat nicht weit nach seinem Stoffe zu suchen, denn die ideale Welt ist nicht getrennt von der materiellen, sie durchdringt und erfüllt dieselbe. „Wo sich das weite Himmelszelt ausspannt, ein Himmel über ihm und eine Welt um ihn ist, da ist der Dichter zu Hause: wo sich das Menschenleben abwickelt mit seiner unendlichen Sehnsucht[123]) und seinen geringen Erfolgen, mit seinen immer von neuem vereitelten, immer von neuem hoffnungsreich unternommenen Bestrebungen, mit seinem unaussprechlichen Ringen, seiner Furcht und seiner Hoffnung durch alle Ewigkeiten schweifend, mit all dem Mysterium der hellen Freude und der Trauer und des Leides, das es erfüllt, in jedem Zeitalter, in jedem Klima, so lange Menschenherzen schlagen. Ist nicht der fünfte Akt einer Tragödie an jedem Totenbette, und wäre es das eines armen Landmannes?... Des Menschen Leben und Natur ist, wie es immer war und immer sein wird. Aber der Dichter muß ein Auge haben, diese Dinge zu lesen, und ein Herz, sie zu verstehen und zu empfinden,[124]) oder diese Erscheinungen fliehen an ihm vorüber ohne Eindruck. Er ist eben der Vates, ein Seher! Und wenn das Leben keine andre Bedeutung für ihn hat als die, welche es für jeden beliebigen andern auch hat, so ist er eben kein Dichter, und Delphi selbst kann ihn nicht dazu machen." (Essays 2, 12.)

Prophet und Dichter sind für Carlyle eines Stammes, und nur eine verkehrte Zeitrichtung kann, nach seiner Meinung, blind gegen diese höhere Einheit sein.

„Sie beide sind in das geheiligte Mysterium der Welt eingedrungen, in das, was Goethe das offene Geheimnis nennt. Das offene Geheimnis*) — offen vor aller Augen, von wenigen nur geschaut, das göttliche Geheimnis, welches in allen Wesen liegt, die göttliche Idee der Welt, welche den Erscheinungen zu Grunde liegt, wie Fichte sagt, die göttliche Idee, für die alle Erscheinungen vom Sternenhimmel bis zum Grashalme

---

*) Vergl. Anhang.

auf dem Felde, vor allem der Mensch selbst, gleichsam das Kleid
ist, die körperliche Form, durch die wir sie schauen können. Zu
allen Zeiten wird es übersehen und das Universum nicht für
einen Gedanken Gottes, welcher Gestalt angenommen hat, ge=
halten, sondern für eine triviale, träge, alltägliche Sache, als ob
es tot und leblos, wie der Satiriker sagt, von einem Tapezierer
zusammengeleimt wäre.

Der Vates — ob Prophet, ob Dichter — ist nun hierher
gesandt, uns diese Wahrheit wieder zu offenbaren, welcher er
näher steht als andre. Wenn andre sie vergessen haben, er kennt
sie, ich könnte fast sagen, er ist gezwungen, sie zu kennen; ohne
um seine Zustimmung gefragt zu werden, muß er in jener
Wahrheit leben, lebt er in jener Wahrheit. Nochmals: hier
giebt es kein »Hörensagen,« sondern eine direkte Einsicht
und einen direkten Glauben; dieser Mann kann nicht anders,
er muß diese ehrliche, ernste Überzeugung haben. Andre mögen
sich mit dem Scheine der Dinge begnügen, für ihn ist es eine
sittliche Notwendigkeit, in der Seele der Wahrheit zu leben (in
the very fact of things). Ein Mann ist er, der es mit der Welt
ernst meint, nicht wie andre, damit spielt. Er ist Vates, vor
allem gerade deshalb, weil er es ernst meint. Und insoweit,
als sie in dies offene Geheimnis eindringen, ist Dichter und
Prophet eins. Was ihren Unterschied anbetrifft, so hat der
Vates als Prophet das geheiligte Mysterium mehr von seiner
ethischen Seite ergriffen, als Gut und Schlecht, Pflicht und
Verbot; der Vates als Dichter mehr von der ästhetischen
Seite (wie die Deutschen sich ausdrücken), als das Schöne und
was damit zusammenhängt. Der eine offenbart uns, was wir
thun müssen, der andre, was wir lieben sollen. Aber in der
That, beides geht in einander über und kann nicht getrennt
werden, denn auch der Prophet hat sein Auge auf dem, was
wir lieben müssen, denn wie könnte er sonst wissen, was wir
thun sollen?[125]) Die höchste Stimme, die auf Erden vernommen

Sechster Abschnitt. Carlyles Stellung zur Poesie und zur Kunst

worden ist, sagte: »Schauet die Lilien auf dem Felde, wie sie wachsen; sie arbeiten nicht, auch spinnen sie nicht; ich sage euch, daß Salomon in aller seiner Herrlichkeit nicht bekleidet gewesen ist, als derselben eins« (Matth. 6, 28). Das ist ein Blick in die tiefste Tiefe der Schönheit. »Die Lilien auf dem Felde« in prächtigerem Gewande als die Herrscher der Erde; entsprossend in der einfachen, bescheidnen Furche des Feldes, ein schönes Auge, welches dich anschaut, entstammend der großen, tiefen See der ewigen Schönheit! Wie konnte die rauhe Erde dies hervorbringen, wenn ihr innerstes Wesen — so rauh sie uns erscheint — nicht Schönheit wäre? In diesem Sinn erhält auch das Wort Goethes seine wahre Bedeutung, ein Wort, das einige merkwürdig berührt hatte: »Das Schöne ist höher als das Gute, das Schöne schließt das Gute ein.« Das wahre Schöne, welches aber, wie ich sagte,[126]) vom Falschen sich unterscheidet, wie der Himmel von Vauxhall."

Scheinbar hat diese Untersuchung Carlyles nur zu dem Ergebnisse geführt, als sei kein Unterschied zwischen wahrer Poesie und wahrer „nichtpoetischer Rede," aber Carlyle läßt uns auch hier nicht im Stich, er sagt:

„Viel ist hierüber geschrieben worden, besonders auch von den jüngsten deutschen Kritikern, von denen manches anfänglich schwer verständlich ist. So sagen sie, der Dichter hat Unendlichkeit in sich, hat ein Unendliches mitzuteilen, verleiht jedem Worte den Charakter des Unendlichen. Dies ist zwar nicht scharf genug formulirt, aber der Gegenstand ist selbst so schwer zu prüfen, daß man diese Worte sehr beachten muß, denn da sie wohl überdacht sind, wird der Sinn wohl schon ergründet werden müssen. Ich meinerseits finde einen erheblichen Sinn in der alten, volkstümlichen Unterscheidung, daß Poesie etwas metrisch-gebundenes sei, daß sie Musik in sich habe, daß sie Gesang sei.[127]) Man könnte, um eine Definition gefragt, das folgende vielleicht mit vollem Recht sagen: Wenn eine Schilderung wahrhaft musikalisch ist, Musik und Harmonie nicht nur dem Worte und der Form nach, sondern dem Herzen und dem Wesen nach ist, Musik in allen Gedanken und Formen des Gedankens, in der ganzen Konzeption — dann ist sie poetisch, harmonisch! Was liegt alles darin! Ein harmonischer Gedanke ist ein Gedanke, ausgesprochen von einem Geiste, der in den innersten Kern der Sache gedrungen ist, das tiefste Geheimnis desselben kennt, nämlich die Harmonie,[128]) die Melodie, welche verborgen darin ruht, die innere Harmonie, welche die Seele jeder Sache ist, wodurch sie existirt und Recht zu existiren erhält. Der Kern aller Dinge ist melodisch und äußert sich natürlich im Gesang. Tief ist die Bedeutung des Gesanges. Wer kann in logischen, gesetzten Worten den Eindruck, den Musik auf uns macht, ausdrücken? Es ist eine unartikulirte, unergründliche Sprache, welche uns an den Rand der Unendlichkeit führt und auf Augenblicke hineinschauen läßt. Alle Sprache, die gewöhnliche Stimme selbst enthält Gesang — jedes Dorf hat seinen Dorfaccent, den Rhythmus oder »Ton,« in welchem die Leute dort »singen,« was sie zu sagen haben. Accent ist eine Art Gesang, und jeder Mensch hat seinen eignen Accent, obwohl man es nur beim andern bemerkt.... Alle tiefen Dinge sind Gesang, in gewisser Beziehung erscheint Gesang unser innerstes Wesen auszumachen, unser und aller Dinge erstes Element. Die Griechen sprachen von Sphärenharmonie, das war das Gefühl, welches sie von der inneren Struktur der Natur hatten: daß die Weltseele und alle ihre Äußerungen vollendete Musik war.

Poesie können wir deshalb musikalisches Denken nennen. Der Dichter ist derjenige, welcher musikalisch denkt. Im Grunde kommt es auf die Kraft seines Geistes an; eines Mannes Ernst und Wahrheit, die Tiefe seines Schauens macht ihn zum Dichter. Schaut er tief genug, so schaut er harmonisch, denn das Herz der Natur ist überall Harmonie, er muß aber zuerst bis zum Herzen dringen." (On Heroes 21 ff.)

So ist der Dichter nach Carlyle vor allem der tiefe, tiefste Denker. Poesie ist Einsicht, ist „höheres Wissen,"[129]) der wahre Denker allein ist der Dichter, „der Seher" (Essays 5, 2), himmlische Weisheit ruht in seinem Geiste, erfüllt sein Herz; sie ist der einzige Leitstern, der ihn durchs Leben führt, unabhängig vom äußeren Glück und äußerem weltlichen Erfolg. (Vergl. Life of Schiller 195.)

„Wir hören oft, daß diese oder jene äußere Lage nötig sei für den Dichter. Oftmals, wird gesagt, muß er eine gewisse Schule durchgemacht, gewisse Dinge „studirt" haben, z. B. die „älteren Dramatiker,"[130]) um die poetische Form und Sprache zu bilden. Als ob Poesie in der Zunge läge und nicht im Herzen! Dann hat man uns erzählt, daß er in gewissen Kreisen sich bewegt und besonders mit den höhern Kreisen näher verkehrt haben müsse, weil er ja vor allem „die Welt" kennen soll! Aber was das anbetrifft, so glauben wir, daß die Welt zu schauen ihm wenig Schwierigkeiten machen wird, wenn er Augen hat. Denn die geheime Natur und Thätigkeit des menschlichen Herzens, das wahre Licht und die unerforschliche Nacht des menschlichen Geschicks offenbaren sich nicht nur in Hauptstädten und vollgestopften Salons, sondern in jeder Hütte, in jedem Weiler, wo Menschen wohnen."[131]) (Ess. 2, 13.)

Auch macht ihn nicht sorgenlose, heitere Lebensfreude, „persönliches Vergnügen" groß, sondern seine hohe, heldenhafte Idee von Religion, von Patriotismus, von himmlischer Weisheit in dieser oder jener Form, „und so soll er nicht vor Leiden zurückschrecken und die ganze Erde zum Zeugen seines Leides anrufen, sondern still dulden und es für Segen halten, sich so zu verzehren und verzehrt zu werden."[132]) (Essays 2, 48.)

In dieser Beziehung führt Carlyle beständig einen Vernichtungskrieg gegen diejenigen, welche er „sweet singers" (Essays 2, 51; 4, 44 ꝛc.) nennt, des Dichters Aufgabe ist nicht, dem Trägen „angenehme" Gesänge vorzuführen, dem Trägen „Vergnügen" zu bereiten, die „schöne" Literatur, wenn sie ihren „unaussprechlichen Ruhm darin sucht, der Zeit zu gefallen" (Essays 7, 221), ist eine Entwürdigung der Kunst und hat nichts damit zu schaffen, und wenn sie mit allem Pomp der Oper und der Malerei und Musik verbündet die Sinne, das „Vergnügen" der Zeit erregt.

Daher erklärt sich auch sein unbarmherziges und oft wohl allzuscharfes Urteil über fast die ganze zeitgenössische Literatur Englands: mit Ausnahme von Tennyson, Ruskin, Browning, Arthur Clough und wenigen anderen ist sein Urteil fast durchgängig ein abfälliges. Den Maßstab, den ihm seine Dichterideale Homer, Äschylos, Dante, Shakespeare, Milton, Goethe und Schiller an die Hand gaben, legt er an alle Dichter an, um ihre absolute und weltgeschichtliche Bedeutung zu bestimmen. Selbst Männer wie Byron und Burns, letzterer sein besondrer Herzensliebling, bestehen vor diesem Richterstuhle nicht.

Einen weiteren Beitrag zur Kenntnis von Carlyles Stellung zur Poesie und Kunst überhaupt[133]) liefert sein Urteil über die berufsmäßige literarhistorische und Kunstkritik. Worte über ein Gedicht oder ein Kunstwerk zu machen war ihm nicht nur verhaßt, sondern erschien ihm eine offenbare Heuchelei und Lüge.[134])

„Die Verehrung des Schönen ist jetzt zu einem Thron der Heuchelei geworden,"[135]) Unwahrheit herrscht hier souverän und verdeckt mit glänzenden Worten den Abgrund; „wo die schönen Künste als Geschäftssache auftreten, mag ein »Komitee« dafür einstehen oder nicht, wird man sicher nur leeres Gerede, mit Absicht und Mühe produzirte Heuchelei, dilettantisches wertloses Zeug hervorbringen, mit unendlichem Aufwand an Mühe und Kosten und Geschwätz verbunden, ohne Resultat schließlich, oder sogar einem, das schlimmer als gar keins ist."

Diese kurze Stelle möge hier genügen. Sein Zorn kennt keine Grenze, diese „Kunstlüge" zu geiseln. Was an diesem Zorn wahr ist und berechtigt, behält seine Geltung — denn es ist sicher sehr weise, „mit Stillschweigen und allein durch eine Galerie zu

Sechster Abschnitt. Carlyles Stellung zur Poesie und zur Kunst

gehen,"[136]) anderseits muß aber doch entschieden betont werden, daß Carlyles Kunstverständnis und Kunstinteresse — was namentlich die bildenden Künste anbetrifft — entschieden nicht allseitig und groß genug war, ein unbedingt giltiges Urteil zuzulassen. Schämte sich doch Schiller nicht (in einem Briefe an Humboldt vom 17. Februar 1803)[137]) zu gestehen, daß „Italien und Rom kein Land für ihn" wäre: „das Physische des Zustandes würde mich erdrücken und das Ästhetische keinen Ersatz geben, weil mir das Interesse und der Sinn für die bildenden Künste fehlt" — und ähnlich ging es jedenfalls Carlyle, obwohl er es nicht so offen eingesteht und nicht mit seinem scharfen Urteil über die „Galerie= und Kapellenbesucher" in Rom zurückhält, wo sein Tadel sich jedenfalls nur auf die Modenarrheit mit Recht erstreckt, unmöglich aber auf einen feinen Geist wie Sterling anzuwenden geht, dessen Lebenselement die bildenden Künste mit abgaben. (Leben Sterlings 148, 154.)

Das einzige Kunstwerk, wofür er das vollste und feinste Verständnis und Interesse hatte, war **das Porträt**. Sein ernstes Interesse am Porträt beweist ja äußerlich schon sein Vorschlag zur Gründung einer nationalen Porträtgalerie für Schottland (wie er eine solche in Berlin schmerzlich vermißte, als er sich in die Zeit des alten Fritz einleben wollte), ferner aber zeigt dies in hohem Grade sein Aufsatz über die Bildnisse von John Knox, ganz zu schweigen von den feinsinnigen Bemerkungen, die wir seiner Feder verdanken über die Porträts seiner Lieblinge; hier genüge, auf seine Worte über die Cranachschen Lutherporträts hinzuweisen. Waren doch die Wände seines Studirzimmers völlig bedeckt mit den Bildern seiner „Helden."[138])

Siebenter Abschnitt

Carlyles Stellung zur Geschichte

in Geständnis Carlyles in seinem Tagebuche vom Jahre 1842 — an dessen Veröffentlichung er selbst nie dachte — führt uns in den geheimsten Kreis seines Denkens und Fühlens: „Von der dramatischen Kunst, obwohl ich eifrig einem Goethe lauschte und hundert andre darüber murmeln und unklare Sprachversuche anstellen hörte, finde ich, daß ich eigentlich bis jetzt nichts verstehe. In der That von Art im allgemeinen (was man im Deutschen Kunst nennt) kann ich so gut wie nichts verstehen. Mein erstes und letztes Geheimnis von „Kunst" besteht darin, eine vollständige Kenntnis der Wahrheit der Thatsache zu erhalten, die zu malen war, darzustellen war, oder irgendwie an das Tageslicht gebracht werden sollte, der Thatsache, tief wie der Hades, hoch wie der Himmel und so dargestellt, wie es sich dem Auge auf dieser armen Erde gezeigt hat. Wenn dies einmal in meinem Innern aufflammt, wenn es überhaupt soweit kommt und wenn es im Innern darnach drängt, Gestalt anzunehmen, dann muß man die ganze Fähigkeit, es richtig aufzufassen, anstrengen und mit ungeheuerm, furchtbarem Ringen sich bemühen, es darzustellen. Das ist nicht Kunst, ich weiß es wohl." (Froude 3, 231; Kap. 9.)

Siebenter Abschnitt. Carlyles Stellung zur Geschichte

Carlyles ganze Naturanlage führte ihn auf andre Bahnen, als die der Kunst im eigentlichen Sinne: in der Weltgeschichte, in der Menschengeschichte fand er das Walten des Ewigen am schönsten und erhabensten offenbart, Gott war ihm der einzige „Künstler," dessen Werke er mit frommer, ehrfurchtsvoller Seele betrachten wollte. Die Natur war groß und erhaben, aber erst der Mensch erschien ihm als die erhabene Blüte der Schöpfung, und des Menschen Leben, sein Aufblühen und Gedeihen, sein Ringen und Streben, seine ehrliche Mühe, sein Glück, sein Unglück und sein endliches Abwelken, wie es sich im Laufe der Weltgeschichte immer von neuem in gewaltigem Wechsel und doch in ewiger Einheit wiederholt, das war ihm „das ewige, beständige Evangelium," welches seine Seele zu vernehmen dürstete, welches sein Herz mit gewaltiger Poesie erfüllte, seine Kräfte anspannte und alle seine Werke hervorbrachte und sie — obwohl in Prosa verfaßt — zu wahrhaft poetischen Schöpfungen machte.

Die Geschichte und Geschichtsschreibung — von diesem Standpunkte aus betrachtet — war das eigentliche Feld der Thätigkeit für Carlyles Geist, ihr widmete er nicht nur den größten Teil seines Lebens und seine besten Jahre, sondern ihr verdankt er schließlich auch seinen Ruhm.

„In einem einzigen Briefe des Äneas Sylvius ist vielleicht mehr Geschichte enthalten, als im ganzen Robertson," [139]) dies zeigt schon seine Geschichtsauffassung. „Das, was ich sehen will, sind nicht offizielle Register und Hofkalender, sondern es ist das Leben des Menschen: was die Menschen thaten und dachten, ihre Leiden und Freuden, die Gestalt, vor allem aber der Geist und die Seele ihres Daseins auf Erden, ihre äußere Umgebung und ihr inneres Prinzip; wie und was das alles war, woher es kam und wohin es führte. Traurig genug ist es anzuschauen, was als die Aufgabe der Geschichte in diesen »erleuchteten und klaren« Zeiten noch gilt. Kann man — und man mag lesen, bis einem die Augen übergehen — aus ihren Berichten auch nur den blassesten Schatten einer Antwort erhalten auf die Frage: Wie lebten die Menschen damals und was thaten sie? und wäre es nur von der ökonomischen Seite, wie waren ihre Einnahmen und was konnten sie dafür kaufen? Geschichte besteht nicht in der Aufzählung von Hofintriguen und Premierministern und Höflingen, sie besteht nicht in dem gewissenhaftesten Aneinanderreihen von Thatsachen und der besten Darlegung der Entwicklung der Staatsform, das Ziel des Geschichtsschreibers ist die Darstellung der innern Lebensbedingungen, des bewußten und unbewußten Strebens der Menschen, welches nie das gleiche ist in zwei verschiedenen Zeitaltern. Nicht allein die Schlachten und Kriege, nicht allein die Gesetze und Verfassungen und ihre Entwicklung, welche doch nur das Haus ist, worin wir leben, sondern alle oft dunkeln[140]) und unwiderruflich vergessenen und verborgenen Thaten und Erscheinungsformen des Menschengeschlechts ‚mit Ehrfurcht‘ zu betrachten und geistig-sittlich zu durchdringen und dementsprechend darzustellen, das ist die Aufgabe des Geschichtsschreibers."[141])

„Der wichtigste Teil der Geschichte ist vielleicht für einen Menschen überhaupt nicht darzustellen, denn, wie die Erzählung immer nur »auf der Fläche bleibt,« während die Handlung und That selbst sich im Raume zeigt, so erstreckt sich auch all unsre Erforschung von Ursachen und Wirkungen in der Weltgeschichte auf eine Handvoll Jahre und Quadratmeilen, wo das Ganze die breite und tiefe Unendlichkeit ist, auf welcher jedes Atom der Welt beruht. Der Autor, fähig, Weltgeschichte zu schreiben, ist — ein Unbekannter! Allweisheit und Allwissenheit gehört dazu! So müssen wir armen, irdischen Geschichtschreiber unsre Anforderungen geringer stellen, müssen ein Abbild der gesehenen Thatsachen geben, und dies Abbild wird im günstigsten Falle ein armseliger Annäherungsversuch sein; den unerforschlichen Endzweck der Welt müssen wir als anerkanntes Geheimnis

Siebenter Abschnitt. Carlyles Stellung zur Geschichte

lassen und in Ehrfurcht und Glauben — weit entfernt, »Weisheit« lehren zu wollen — wollen wir die geheimnisvollen Spuren von Ihm betrachten, von Ihm, dessen Pfad die große Tiefe der Zeit ist, den »die Geschichte« allerdings verkündet, den aber erst »die ganze eine Geschichte« in der Ewigkeit klar offenbaren wird." (Essays 2, 258.)

Diese Betrachtungen lähmen den Eifer des Forschers nicht, sie können ihn nur erhöhen, mehr und mehr soll er in die Vergangenheit eindringen, „alle Menschen sollen sie erforschen, als die wahre Quelle des Wissens, dessen Licht allein, bewußt oder unbewußt benutzt, uns verhelfen wird, die Gegenwart und Zukunft zu deuten."

Diese Ziele der Geschichtswissenschaft allein lassen eine Unterscheidung des „Künstlers" vom „Handwerker" zu; der eine „arbeitet" mechanisch auf seinem Gebiete, ohne das Auge auf das Ganze zu richten,[142]) vielleicht nicht einmal fühlend, daß es ein Ganzes giebt; der andre erhöht und adelt den bescheidensten Zweig mit dem Gedanken an das Ganze, mit dem Gedanken, daß nur im Ganzen, Vollendeten der Teil sein wahrhaftes Wesen zeigen kann. Die Aufgaben und Pflichten dieser beiden sind vollständig verschieden und jeder hat seinen bestimmten Wert. Der einfache Landmann pflügt sein Feld und nachdem er die Beschaffenheit des Erdreiches erkannt hat, streut er die geeignete Saat, ohne zu wissen, welche tiefen Felsen und Feuersgluten im Erdinnern darunter liegen, und wie seine Ernte über, sowohl als unter dem Sternenhimmel ruht und dahinstreicht durch ganze unermeßliche Himmelsräume zwischen Widder und Wage. Und doch reift es für ihn zur rechten Zeit und er sammelt es glücklich im Speicher. Als Landmann ist er nicht zu tadeln, wenn er diese größeren Wunder nicht beachtet, aber als Denker und treuer Erforscher der Natur ist er im Unrecht. So ist es mit dem Historiker, der einen besondern Zweig der Weltgeschichte erforscht und aus dieser oder jener Lage der Verhältnisse in politischer, sittlicher und volkswirtschaftlicher Beziehung und den Ergebnissen, zu denen sie geführt haben, schließt, daß dies oder jenes wesentliche Eigentümlichkeiten der menschlichen Gesellschaft ausmachen und daß die gleichen Bedingungen zu gleichen Ergebnissen führen; ein Schluß, dessen Richtigkeit, noch auf andern Wegen geprüft, feststeht. Er ist aber im Unrecht und ein bloßer Handwerker, wenn er glaubt, daß diese Eigentümlichkeiten, erkannt oder erkennbar, die ganze Wahrheit ausmachen, wenn er nicht mit jedem Schritte sieht, wie die Wahrheit unerschöpflich und unergründlich ist.

Aber diese Klasse von „Ursache- und Wirkungsphilosophen," für die kein Wunder existirt, die alle Dinge im Himmel und auf Erden berechnen können und für alles Rechenschaft zu geben vermögen, bei denen selbst das Unbekannte, das Unendliche im menschlichen Leben mit den Worten „Enthusiasmus, Aberglauben, Geist der Zeit" u. s. f. ein algebraisches Zeichen und bestimmten Wert erhalten hat, diese Klasse hat jetzt so ziemlich ihre Rolle zu Ende gespielt in der europäischen Kulturgeschichte und ist in allen Ländern, sogar in England auf dem Aussterbeetat." (Essays 2, 259.)

„Der politische Geschichtsschreiber hat seine Helfer gefunden, welche auch die andern Seiten des menschlichen Lebens zu beleuchten versuchen, die mannichfaltigen Seiten des menschlichen Lebens, von denen die politische, wenn auch vielleicht die ursprüngliche, doch eben nur eine ist, und vielleicht kaum die wichtigste. Neues und Höheres erwartet man von ihm. Früher durfte man ihm den Vorwurf machen, daß er allzulange mit übertriebener Vorliebe bei den Parlamentsdebatten verweilte, oder auf dem Schlachtfelde, oder in fürstlichen Vorzimmern, und daß er vergaß, wie fern von all diesem die mächtige Flut des Gedankens und der That ihren wunderbaren Lauf nahm, in Nacht und Licht, daß er vergaß, wie entfernt von alle dem

Siebenter Abschnitt. Carlyles Stellung zur Geschichte

es blühte und verwelkte in tausend abgelegenen Thälern: eine ganze Welt des Lebens, mit und oft ohne himmlische Sonne der Heiligkeit sie zu reinigen und zu läutern — ob nun »der berühmte Sieg« erfochten wurde oder nicht. Jetzt aber scheint die Zeit gekommen, wo sich alles dies bessert." (Essays 2, 60.) Was für Carlyle die Geschichte adelte, war das „Unendliche im menschlichen Leben," war die höchste Offenbarung des göttlichen Geistes, wie sie im menschlichen Leben geschehen und zu sehen war. Diese Offenbarung wahr zu deuten, war freilich ein „Seher"[143]) nötig: und dies ist der Punkt, wo nach Carlyles Anschauung dem Dichter und dem echten großen Historiker die gleiche Aufgabe zu teil wurde, dies ist der Punkt, wo Geschichte zur wahren Poesie wird, wo die wahre Poesie in der richtigen Deutung der Wahrheit, der Wirklichkeit besteht.[144]) Dichtung, im Sinne von Erdichtung, eitler „Erfindung" kann sich hier nicht mit der Wahrheit messen, die Erfindung des Dichters liegt hier nicht in Erschaffung von Traum- und Phantasiegestalten, sie besteht im Nacherschaffen, Neuoffenbaren des göttlichen Gedankens,[145]) wie er den Erscheinungen der Welt und Weltgeschichte zu Grunde liegt, hier besingt „ein Aschylus und Sophokles nicht Mythen und Sagen, sondern läßt der Welt im Spiegel seines Geistes die Wahrheit, »Thatsachen« im höchsten Sinne, schauen."[146]) Nach Carlyles Anschauung vermag überhaupt nur ein Shakespeare, ein Homer die unendliche Bedeutung der Geschichte, des Werdens des menschlichen Lebens zu schauen, und ihre Werke sind nur Darstellungen des Lebens, „wie es wirklich war."[147]) Die wahre Geschichtsschreibung ist so die „weltalte Rhapsodie des Daseins, das große, heilige Epos, die große Bibel der Weltgeschichte, unendlich ihrer Bedeutung nach, wie der göttliche Geist selbst, den sie ahnen läßt und verbirgt." (5, 65.)

In diesem „göttlichen Buche der Offenbarung" sind die großen Männer die „heiligen Sprüche" (Sartor 171). Sie erst, die Großen, die „Helden" (in der Carlyleschen Terminologie), verleihen der Welt und ihrer Geschichte ihren Wert und ihre Bedeutung, sie sind der Kern, um den sich alles übrige vereinigt, sie sind, in gewissem Sinne, die Schöpfer alles dessen, was die Masse leistet, sie geben die Ziele und sind die Seele der Weltgeschichte.[148])

Wir stehen hier an dem Punkte, wo die berühmte, vielfach angefeindete Carlylesche Hero-worship ihre Erklärung findet.

Seine Hero-worship beruht auf der Überzeugung, daß (wenn auch allen Menschen der Keim des Göttlichen eingepflanzt ist) doch nur Auserwählte, „Helden," die in der Menge ohne Antrieb schlummernden Kräfte zu erwecken vom Himmel gesandt sind, Helden, deren Aufgabe es ist, der Wahrheit zum Siege zu verhelfen, Helden, deren Gebot die Welt gehorchen muß, denn ihre Botschaft stammt eben vom Himmel. Dieser „Glaube" Carlyles, der seine Vertreter unter den ersten Geistern aller Zeiten findet, ist es, welcher, selbst in voller Schroffheit durchgeführt, unmöglich in der ihm erst vorgeworfenen Verteidigung der bloßen Macht und Gewalt enden kann. Hier näher auf diesen Vorwurf[149]) einzugehen, ist nicht der Ort, ebensowenig wie auf die Stellung des Carlyleschen Prinzips zu dem von Buckle[150]) vertretenen. Es genüge, darauf hinzuweisen, daß Carlyle niemals die bare, bloße „Macht und Gewalt" verteidigt hat. Er kennt nur eine Macht, und das ist die der Wahrheit und Sittlichkeit, eine Wahrheit, deren Sieg mit jedem Opfer, mit Leben und Blut errungen werden muß, deren Sieg die gewisse Hoffnung alles menschlichen Ringens und Kämpfens ist.[151]) „Recht ist Macht," Recht verleiht Macht und Kraft, ist sein Wahlspruch, Recht wird den Sieg davontragen, die Macht erringen: mit diesem Glauben an den endlichen Sieg des Guten über das Schlechte[152]) steht und fällt seine ganze Weltanschauung, mit dem Glauben an den Sieg des Guten, wie es der Held anstrebt, wofür sich der Held opfert. Dies ist ein Heldentum, dessen jeder Mensch, dessen Ziel die Wahrheit und das Gute ist, teilhaftig werden kann, freilich im ernsten Kampfe.¹⁵³) Wir sehen, daß diese freudige, kräftige Anerkennung des Heldentums in der Geschichte höchstens das träge, in sittlicher Lethargie befindliche Gemüt erschrecken kann.

Die Lehre, welche die Weltgeschichte giebt, vom Standpunkte Carlyles aus betrachtet, ist eine einzige: die Weltgeschichte ist eine Botschaft der Vergangenheit, uns Gegenwart und Zukunft verstehen zu lehren,¹⁵⁴) sie besteht, wie es Kingsley ausdrückt,*) „in dem überwältigenden und doch erhebenden Bewußtsein, daß es eine Pflicht giebt für den Menschen, daß die ganze Welt nicht eine Tragikomödie der menschlichen Tugenden und Laster ist, sondern eine Verwirklichung der Urteile und Befehle eines gerechten Weltlenkers, dessen Wege in der Tiefe gehen und dem die Menschen in Sünde und Irrtum, wie in Tugend und sittlichen Thaten gehorchen müssen, sich vor seiner Gerechtigkeit beugend."¹⁵⁵)

Auf diese Weise findet bei Carlyle des Aristoteles Vergleich des Dichters und Historikers seine Erklärung. Wenn dem Historiker dort (Poetik 9) die Aufgabe zugewiesen wird, τὰ γενόμενα λέγειν, dem Dichter aber darzustellen οἷα ἂν γένοιτο, und wenn διὸ καὶ φιλοσοφώτερον καὶ σπουδαιότερον ποίησις ἱστορίας ἐστίν, so hätte Carlyle, auf seine unerschütterliche Weltanschauung von dem beständigen Walten eines stets nach sittlichen Prinzipien verfahrenden Gottes, nichts zu erwiedern gehabt, als daß überhaupt nur der „Philosophische und Ernste" die Weltgeschichte zu verstehen vermag, daß, zu bedenken, was wohl hätte geschehen können oder geschehen müssen, die Aufgabe nicht eines einzigen Menschen sei, sondern daß die Aufgabe eines jeden sei, ernst sich zu bemühen, die Gottesoffenbarung, die Welt, wie sie ist, die Weltgeschichte, wie sie vor unsern

---

*) Und Kingsleys Worte sind in der That nur Formulation Carlylescher Gedanken.

Augen sich ungeheuer abspielt, zu verstehen, daß es eine „größere Wahrheit" [156]) gar nicht giebt, sondern überhaupt nur eine einzige, und daß diese eine eben die von Gott in der Weltgeschichte, in der Menschengeschichte offenbart sei, eine Wahrheit, allerdings nur dem Weisen erkennbar: dem wahren Dichter und wahren Historiker in erster Linie, deren gemeinsames Ziel eben diese Erkenntnis ist, welche jeder auf seinem Wege zu erringen strebt und der oft widerstrebenden Welt lehrt. So wird von Carlyle die höhere, höchste Einheit des Dichters und Historikers aufgefaßt, eine Einheit, welche in dem gemeinsamen Ziele beider besteht, wenngleich die Wege verschieden sein mögen, eine Einheit, welche — was wäre wohl jenem Auge entgangen — von Goethe selbst gesehen, gefühlt und ausgesprochen wurde:

„Wer in der Weltgeschichte lebt,
Dem Augenblick sollt' er sich richten?
Wer in die Zeiten schaut und strebt,
Nur der ist wert, zu sprechen und zu dichten." [157])

Achter Abschnitt

Carlyles Ethik

"The Gospel of Work"

> Man must work as well as worship.
> Sartor 250.
> With those ... who in true manful endeavour, were it under despotism or under sansculottism, create somewhat, with those alone, in the end, does the hope of the world lie.
> Essays 4, 182 (Goethe's Works).

s bleibt noch übrig, nachdem wir im Vorhergehenden verschiedene wichtigere Seiten der Weltanschauung Carlyles zu betrachten versucht haben, die gesamte sittliche Lehre dieser Weltanschauung in kurze Worte zu fassen. Sie ist von Carlyle selbst einfach dahin ausgesprochen worden:

"Liebe nicht die Freude, liebe Gott! Das ist die ewige Wahrheit! und alle Widersprüche lösen sich in ihr auf, und wer darin lebt und strebt, mit dem ists wohl bestellt."158)

Die von Gott auferlegte Pflicht, die vom Himmel uns anbefohlene sittliche "Arbeit" völlig zu erkennen und infolge dieser Erkenntnis zu thun, das ist die alte Lehre, welche Carlyle mit seinem ganzen Leben, mit jeder Zeile, die er schrieb, der Welt aufs neue "predigen" wollte.159)

Die erste Stufe zur Erfüllung dieser Pflicht ist die Erkenntnis derselben.

„Wenn man mich auffordern würde, Shakespeares Größe zu bezeichnen, so würde ich sagen, sie besteht in der größeren Erhabenheit seines Geistes (superiority of intellect) und würde glauben, damit alles gesagt zu haben. Wir reden von Fähigkeiten, als ob sie verschiedne, getrennte Dinge wären; als ob ein Mann Geist, Phantasie u. s. w. hätte, wie er Hände, Arme und Füße hat. Das ist ein Grundirrtum. Dann hören wir wieder von der geistigen Natur des Menschen und von seiner sittlichen, als ob diese zu trennen wären und einzeln fortbestehen könnten.... Wir sollten ein für allemal im Auge behalten, daß diese Unterscheidungen nur Namen sind; daß die geistige Natur eines Mannes, die lebendige Kraft, welche in ihm wohnt, dem Wesen nach ein und dieselbe ist, daß, was wir Phantasie, Verstand u. s. w. nennen, nur verschiedne Gestalten der einen Kraft der Einsicht (insight) sind, unauflösbar mit einander verbunden.... Sittlichkeit selbst, was wir die sittliche Kraft eines Mannes nennen, ist eben nur eine Seite der lebendigen Kraft, die ihn erfüllt und zur Arbeit treibt. Alles, was ein Mensch thut, trägt mit zu seinem Bilde bei. Man könnte sehen, wie ein Mann kämpfen würde, an der Art, wie er singt, sein Mut oder seine Mutlosigkeit ist erkennbar an dem Worte, welches er ausspricht, an der Überzeugung, die er sich gebildet hat, ebenso wie an dem Hieb, den er führt. Er ist ein Mann und zeigt sich überall als der, welcher er ist. Ohne Hände vermöchte der Mensch doch noch zu gehen, wenn er Füße hat. Aber ohne Sittlichkeit wäre Geist für ihn unmöglich; ein völlig unsittlicher Mann könnte nicht die geringste Kenntnis haben. Denn eine Sache zu kennen, wahrhaft zu kennen, muß er zuerst die Sache lieben, mit ihr harmoniren, d. i. er muß zunächst sittlich mit ihr verbunden sein. Wenn er nicht in jedem Augenblick sein Selbst zu bezwingen vermöchte, um ohne Wanken die Gefahren, welche die Wahrheit bringt, zu teilen, wie vermöchte er denn zu wissen, zu erkennen? Alle seine Tugenden liegen verborgen in seinem Wissen.¹⁶⁰) Die Natur bleibt für den Schlechten, für den Selbstsüchtigen und Kleinlichen stets ein versiegeltes Buch; was solche Leute von der Natur erkennen, ist gemein, oberflächlich und geringe, nur für den vorübergehenden Gebrauch des Tages." (Heroes 28.)

Diese absolute Einheit des sittlichen und geistigen Menschen verleiht der richtigen Lebensanschauung ihre Bedeutung, wahre Erkenntnis der sittlichen Pflicht (welche am schönsten unbewußt in der Seele lebt) führt zur sittlichen That, so daß die geistige Höhe unbedingt eine sittliche ist und die geistige Höhe eines Volkes zur sichern Folge seine sittliche Größe hat.¹⁶¹)

Die erste sittliche That, die dem Menschen obliegt, ist das Entsagen (Sartor 184), die „Selbsttötung" (Annihilation of Self, eb. 179), das Aufgeben aller Ideen und Hoffnungen, welche mehr oder weniger auf „Glückseligkeit" der eignen Person ausgehen. Die erste Pflicht ist somit, die eigne Freude, das eigne Wohlbehagen unterzuordnen unter das große, ewige Ziel, welches der Himmel uns gesteckt hat.¹⁶²)

Ernst und grimm erscheint dies Gebot, aber es ist „schön" (beautiful and awful 6, 39) zugleich, es erfordert unendliche Mühe, unendliches Ringen; aber „weder für einen Menschen noch für einen Gott" giebt es ein Leben der Ruhe,¹⁶³) und dieser Kampf, diese „Arbeit" erst beseligt, dieser Kampf erst vollendet den Menschen, er ist heilig, er ist das wahre Gebet, der Kern aller Religion, er kann nur geführt werden, wenn das Bewußtsein des Ewigen unser Leben erfüllt. So ist „die erhabenste Krone, welche dem Erdensohne zu teil werden kann, eine Dornenkrone."

„Ernst ist das Leben" war einer von Carlyles Lieblingssprüchen, aber wenn auch der Pfad der Pflicht rauh ist und steinicht und das Ringen bitter, so ist es doch das uns gott=

auferlegte Schicksal, und wenngleich die Selbstvernichtung, das Entsagen uns unbedingt noch bindet und unsre Zeit, so deutet Carlyle — im Hinblick auf das, was ihm Goethe „gelehrt" hatte — an, daß doch eine „höhere Sittlichkeit" noch im Schoße der Zeiten verborgen ruhe, eine höhere Sittlichkeit, welche das Mühevolle, Schmerzliche, Schwere und Unzulängliche des Menschlichen zur Vollendung, zur Harmonie führt mit dem Göttlichen, dem „ewig Schönen." [164])

In ferner Zukunft erhofft Carlyle diesen Zustand der Harmonie des Göttlichen und Menschlichen schon auf Erden, als Zustand aller Menschen, deren erste und einzige Aufgabe es zunächst ist und bleibt, ohne Murren die Erfüllung der strengen, göttlichen Pflicht der Sittlichkeit zu erstreben.

Dieser unbedingte Glaube, daß diese rauhe, schwere Pflicht „gottgesendet" ist, verleiht „eine Welt von Kraft gegen eine Welt von schwerem Ringen." (Essays 4, 25.)

Dies ist die Lehre von Carlyles Leben und Wirken.

Froude sagt: „Carlyle glaubte, daß jeder Mensch seine besondre Pflicht zu erfüllen habe. Und wenn man ihn gefragt hätte, welche besondre Pflicht ihm selbst aufgelegt worden wäre, würde er geantwortet haben: von neuem die Menschen dazu zu zwingen, anzuerkennen, daß die Welt von einem gerechten Gotte gelenkt würde, daß die alte einfache Geschichte, welche man Sonntags mit anhört und Wochentags verleugnet und nicht mehr kennt, doch wahr sei. Seine Schriften alle, seine Essays, seine Lectures, seine Geschichte der französischen Revolution, sein Cromwell und selbst sein Friedrich hatten alle dies eine Ziel und diesen einen Grundgedanken, daß die Wahrheit gesprochen werden soll und Gerechtigkeit herrschen und daß auf andrer Grundlage kein Staat und kein Mensch gedeihen könne." (Froude 3, 281; Kap. 11.)

Wir können diese Betrachtungen über Carlyle schließen mit denselben Worten, welche er einst bei Goethes Tode sprach:

„Köstlich ist das neue Licht, welches unser Lehrer für uns errungen hat; aber gering im Vergleich zu der Liebe, welche wir von ihm empfangen. Die schönste Blüte eines Menschen ist das, was er im Leben geleistet hat. In der geistigen Gemeinschaft des Menschen mit dem Menschen, welche auf der Lehre beruht, gründet sich eine heiligere Vereinigung, welche sich in Thaten zeigt und deren Fortwirken geheim, tiefgehend und alles umfassend, nicht berechnet werden kann. Liebe ist der Erkenntnis, der Weisheit Anfang, wie die Flamme der Quell des Lichtes, Liebe, welche wie die Flamme wirkt. Daß Goethe ein großer Lehrer der Menschen war, zeigt schon, daß er ein guter Mann war." ¹⁶⁵)

Dies können wir und müssen wir — unsrer innersten Überzeugung nach — auf Carlyle anwenden. Seine Schwächen und Mängel — die er selbst in seinen letzten Lebensjahren geneigt war, zu hoch anzuschlagen, wie es einem Manne von der Größe seiner sittlichen Anforderungen, der Erregbarkeit seines Gemüts nahe lag — seine Mängel und Übertreibungen, sein rätselhafter Schwermut, der ihm und seiner Umgebung so oft des Lebens Freude verbitterte, all dies, was von seinen Gegnern so gern herbeigezogen wird und so leicht herbeizuziehen ist, all dies vermag nicht das Bild zu trüben, welches von dem herrlichen Manne in dem Herzen seiner Verehrer lebt.

„Je besser man ihn wird kennen lernen, desto mehr wird die Größe seines Charakters und Herzens bewundert und geliebt werden, ¹⁶⁶) um so mehr gerade, weil er Schwächen hatte wie wir selbst."

Anmerkungen

zum zweiten Teil

¹) Über das Bild von dem „göttlichen Gewebe" der Welt vgl. den ersten Teil der Arbeit; es geht bei Carlyle (der es sehr liebt, vgl. Sartor 53, 258 u. f. f.) auf die Worte des Erdgeistes im Faust zurück:
So schaff' ich am sausenden Webstuhl der Zeit
Und wirke der Gottheit lebendiges Kleid.
Vgl. auch hier Naturwiss. im Allg. (Bedenken und Ergeb. 40, 426):
„So schauet mit bescheidenem Blick
Der ewigen Weberin Meisterstück ꝛc."
²) Vgl. Essays 6, 178 und Abschnitt 5. Vgl. Goethes Worte bei Eckermann (3, 257; 11. März 1832): „Wenn man die Leute reden hört, so sollte man fast glauben, sie seien der Meinung, Gott habe sich seit jener alten Zeit ganz in die Stille zurückgezogen, und der Mensch wäre jetzt ganz auf eigne Füße gestellt und müsse sehen, wie er ohne Gott und sein tägliches unsichtbares Unhauchen zurechtkomme. In religiösen und moralischen Dingen giebt man allenfalls eine göttliche Einwirkung zu, allein in Dingen der Wissenschaft und Künste glaubt man, es sei lauter Jrdisches und nichts weiter als ein Produkt rein menschlicher Kräfte."
³) Vgl. Leigh Hunt's Table-Talk 160, Wisdom of the Head and of the Heart, das mit den Worten endet: Love before Knowledge etc.
⁴) Vgl. Schillers Theosophie des Julius (Goedecke 4, 41; H. 14, 353): Das Universum ist ein Gedanke Gottes.... Der große Zusammenhang der Welt bleibt mir jetzt nur merkwürdig, weil sie vorhanden ist, mir die mannichfaltigen Äußerungen jenes Wesens symbolisch zu bezeichnen. Alles in mir und außer mir ist nur Hieroglyphe einer Kraft, die mir ähnlich ist. Die Gesetze der Natur sind die Chiffren, welche das denkende Wesen zusammenfügt, sich dem denkenden Wesen verständlich zu machen, das Alphabet, vermittelst dessen alle Geister mit dem vollkommensten Geiste und sich selbst unterhandeln ꝛc.
⁵) Dieser Ausdrucksweise liegt natürlich die kantische Darlegung über den Raum und die Zeit (Kritik der reinen Vernunft, transcendentale Ästhetik. 1. Abschnitt S. 50 der Kehrbachschen Ausgabe zu Grunde: als „Anschauungsformen" (S. 56).

Diese ganzen Carlyleschen Gedanken erinnern entschieden an Platos Timaeos S. 37 ($ε\dot{ι}κ\grave{ω}$ $δ'\dot{ε}πινοεῖ$ $κινητόν$ $τινα$ $α\dot{ι}\grave{ω}νος$ $ποιῆσαι$) und bes. S. 29: $δεῖ$ $λέγειν$ $τόνδε$ $τὸν$ $κόσμον$ $ζῷον$ $ἔμψυχον$ $ἔννουν$ $τε$ $τῇ$ $ἀληθείᾳ$ $διὰ$ $τὴν$ $τοῦ$ $θεοῦ$ $γενέσθαι$ $πρόνοιαν$ ꝛc. (Vgl. S. 134.) Daß Carlyle thatsächlich Platonische Jdeen mit in den Sartor aufnahm (und in seine eigne Weltanschauung) beweisen die — bisher stets übersehenen —

Worte Sartor 64: in such passages ... the high Platonic Mysticism of our Author, which is perhaps the fundamental element of his nature ꝛc.; vgl. die merkwürdige Personifikation von Raum und Zeit bei Novalis Schriften 2, 264 ꝛc.

6) Vgl. Fichtes Grundriß des Eigentümlichen der Wissenschaftslehre (vom Jahre 1795) in den Werken I, 409 (u. oft): „Es giebt überhaupt keine Vergangenheit."

7) Vgl. das Jean Paulsche Wort: Die Zeit ist die Larve der Ewigkeit, Zerstreute Gedanken 48, 66 (Gottschalls Ausgabe).

8) Diesen Fortunatushut scheint Carlyle aus Jean Paul zu kennen, wie viele dergleichen Anspielungen dieser Quelle entstammten, vgl. Herbst-Blumine III, S. 357 der Gottschallschen Ausgabe.

9) Über den Cock-Lane Ghost vgl. Boswells Johnson 7, 103 (ed. Croker) und Forsters Goldsmith I, 206; vgl. über Johnsons spiritistische Interessen Boswell 3, 175 ff.

10) Man darf nicht zweifeln, daß diese Anschauungen auf Studium Fichtes beruhen. Vgl. den fünften Abschnitt und die aus der Wissenschaftslehre stammenden Ideen in der „Bestimmung des Menschen" (Sämtl. Werke 2, 308): „Wodurch alles Sinnliche sich ihm rein in nichts verwandelt, in einen bloßen Wiederschein des allein bestehenden Unsinnlichen in sterblichen Augen" (und vgl. eb. 303, 288 u. f. f.)

11) Vgl. oben Anmerkung 5 und die ähnliche Fichtesche Terminologie, Bestimmung des Menschen, S. 228, 238 (Werke, 2. Bd.).

12) Diese von Carlyle auch als Motto zum Sartor (aber offenbar aus dem Gedächtnis) zitirten Worte (ursprünglich in den Wanderjahren, dann im Divan (Buch der Sprüche 11, Loeper 4, 98) lauten eigentlich:

Mein Erbteil, wie herrlich weit und breit!
Die Zeit ist mein Besitz, mein Acker ist die Zeit.

An unsrer Stelle übersetzt Carlyle den Spruch:

My inheritance how wide and fair!
Time is my fair seed-field, of Time I'm heir.

Es ist dies einer der Sprüche, welche Carlyle gern zitirt, ähnlich wie seine Übersetzung von Nr. 7 des Buchs der Sprüche (Divan, ed. Loeper 4, 96):

Noch ist es Tag, da rühre sich der Mann!
Die Nacht tritt ein, wo niemand wirken kann!

(nach Joh. 9, 4), welche u. a. (handschriftlich im Besitze des Vf.) lautet:

Now it is day, be doing every one
For the night cometh, wherein work can none.

Chelsea, 10. April 1871 (in einem Ex. vom Chartism).

13) Den ganzen Begriff der „Reverence" nahm Carlyle aus Wilhelm Meisters Wanderjahren 2, 1 (40 bänd. Ausg. 18, 186 ff., vgl. auch die Einleitung zu seiner Übersetzung des Wilh. Meister; ferner noch seine Rektoratsrede, in welcher er nach Übersetzung der hier in Betracht kommenden Stelle hinzufügt: „Ehrfurcht: the soul of all religion that has ever been among men, or ever will be," Essays 7, 191). Bei Goethe wäre hiermit die ganze Kette von Gedanken zu vergleichen, vom „Schaudern" an, sein „Staunen" (vgl. „Parabase",

Anmerkungen zum zweiten Teil 93

H. 2, 227 [242 der zweiten Ausg.]: „zum Erstaunen bin ich da"), seine Ermahnung zur „kindlichen" Auffassung der Welt, sein ganzes Verhältnis zur Gottheit. Auch die Begriffe „Geheimnis", „offenbares Geheimnis" gehören mit hieher (siehe Anhang Nr. 6); es wäre jedoch nicht unmöglich, daß Carlyle (und über sein Verhältnis zu Plato siehe Anm. 5) auch den Ausspruch aus dem Theaitetos (S. 155 D) gekannt hätte, wo mit Herbeiziehung der Sage, daß Iris die Tochter des Thaumas, ausgesprochen wird: μάλα γὰρ φιλοσόφου τοῦτο τὸ πάθος, τὸ θαυμάζειν. οὐ γὰρ ἄλλη ἀρχὴ φιλοσοφίας ἢ αὕτη. wozu Timaios S. 51 sehr wohl verglichen werden kann, vor allem aber Aristot. Metaph. I, 2: διὰ γὰρ τὸ θαυμάζειν οἱ ἄνθρωποι καὶ νῦν καὶ τὸ πρῶτον ἤρξαντο φιλοσοφεῖν, ἐξαρχῆς μὲν τὰ πρόχειρα τῶν ἀπόρων θαυμάσαντες ꝛc. Vgl. hierüber übrigens Hegels Ästhetik I, 406 und 482 (Beschränkung des Begriffs Wunder).

14) S. Anm. 110 (im Anhange).

15) Vgl. über die „Mechanical Era", nach Misc. 5, 46. 49. 4, 56. 1, 185 (woselbst Locke die Schuld beigelegt wird).

16) S. Anhang Nr. 6.

17) Daß dieser — wohl etwas altmodische — Zorn gegen alle Philosophie, sobald sie von dem Boden exakter Naturforschung ausgeht, jetzt überflüssig ist, zeigen die glänzendsten und dabei stillsten ihrer Vertreter. Ein Zorn, der übrigens an Goethes Eifer gegen das Mikroskop u. s. f. erinnert.

18) Vgl. Past and Pres. 101. Essays 4, 1. 14. 5, 52 ꝛc. und Anhang.

19) Carlyle denkt hier wohl an die Werke des von ihm sonst hochgeschätzten Thomas Erskine (of Linlathen): Remarks for the Internal Evidence of the truth of revealed religion Edinb. 1821, oder an Chalmers Christian Evidences ꝛc.

20) Dies erinnert an Goethes Worte in seiner Rezension von Bahrdts Eden (Frankf. Gel. Anz. Nr. 49, 19. Juni 1772; H. 29, 32): „Es gehört diese Schrift zu den neueren menschenfreundlichen Bemühungen der erleuchteten Reformatoren, die auf einmal die Welt von dem Überrest des Sauerteigs säubern und unserm Zeitalter die mathematische Linie zwischen nötigem und unnötigem Glauben vorzeichnen wollen" u. s. f.

21) Wenn man über Goethes endlich gewonnene Stellung zur Person Christi und dem Wesen des Christentums unbefangener zu urteilen sich vorsetzt, wird man wohl an die Aussprüche des späteren Alters angewiesen sein, da die aus früherer Zeit (z. B. D. J. G. 2, 219: Jesus Christus der einzige Grund meiner Seligkeit [a. d. J. 1773]; und den Brief an Trapp vom 12. April 1770, D. J. G. 1, 231 aus Straßburg: Wie ich war, so bin ich noch, nur daß ich mit unserm Herrn Gott etwas besser stehe und mit seinem lieben Sohne Jesu Christo ꝛc.) jedenfalls (durch Frl. v. Klettenberg ꝛc.) gefärbt, nicht als Goethes abschließendes Urteil über diese Fragen gelten können. Die Hauptquelle wird immer wieder das 1. Kap. des 2. Buchs der Wanderjahre bilden (vgl. Anm. zu S. 45, f. auch den berühmten Brief Schillers an Goethe vom 17. Aug. 1795 [Nr. 86; I, 67]), ferner die schon angeführte Stelle bei Eckermann, aus dem

Noten zum Divan Mahmud von Gasna, H. 4, 253. Diese Stellen erklären das stolze Wort bei Kanzler v. Müller (S. 138): „wer ist denn heutzutage ein Christ, wie Christus ihn haben wollte? Ich allein vielleicht, ob Ihr mich gleich für einen Heiden haltet." Vgl. auch Eckermann, 2, 199 ff. (28. Febr. 1831): Christus dachte einen alleinigen Gott, dem er alle die Eigenschaften beilegte, die er in sich selbst als Vollkommenheiten empfand. Er ward das Wesen seines eignen schönen Innern, voll Güte und Liebe wie er selber 2c." und dazu Eckermanns Worte: „Widersacher haben ihn (Goethe) oft beschuldigt, er habe keinen Glauben; er hatte eben blos den ihrigen nicht, weil er ihm zu klein war. Wollte er den seinigen aussprechen, so würden sie erstaunen, aber sie würden nicht fähig sein, ihn zu fassen." Einigen Äußerungen — in der Form des Ausdrucks, wie inhaltlich — durch die Umgebung unwillkürlich gefärbt, z. B. Wanderjahre 2, 2 (H. 167; 172 2c.) möchte ich nicht allzu hohes Gewicht beilegen.

22) Vgl. über dieses von Novalis übergenommene Wort Essays 2, 219: The Christian Religion . . . stands in opposition to Science and to Art, and properly to Enjoyment . . . . Religion contains infinite sadness, dem die Sätze bei Novalis, Schriften 2, 261 und 265 zu Grunde liegen), die Anm. 32, vgl. L. D. P. 282: Divine Depth. of Sorrow. Beachtenswert ist die Übereinstimmung der Carlyleschen Weltanschauung mit der der deutschen Mystiker, vgl. Meister Eckhart (ed. Pfeiffer 2, 337): Ich sprich, das nach got nie wart kein dinc, das edeler si denne liden etc.

23) Essays 2, 242 (Signs of the Times.)
24) Vgl. Wanderjahre 2. Buch, 1. Kap. (Cotta, 40 Bände, 18, 189): „und da dieses [Ziel] einmal erreicht ist, so kann die Menschheit nicht wieder zurück und man darf sagen, daß die christliche Religion, da sie einmal erschienen ist, nicht wieder verschwinden kann, da sie sich einmal göttlich verkörpert hat, nicht wieder aufgelöst werden mag."
25) Nach Matth. 16, 18.
26) Vgl. Goethes Worte in den Noten zum Divan (H. 4, 253).
27) Ich entnehme dies aus Otto Pfleiderers Aufsatz „Goethes religiöse Weltanschauung", abgedruckt in der Protest. Kirchenzeitung vom 11. April 1883, Nr. 15, S. 330.
28) Carlyles Schroffheit in diesem Punkte der Sünde fiel schon Leigh Hunt auf, der im Examiner May 26, 1839 über die fünfte Vorlesung Carlyles sagt: „We wish we could agree as heartily with what he said respecting „sin" and ,,God's judgment" etc., which, to our notions is more like the talking of his Scottish ancestors than his own candid philosophy, and neither can nor ought to have, any sort of effect, but to make people wonder at its melancholy gratuitousness"', vgl. Sheph. 1, 215.
29) Ich finde zufällig bei Novalis (Schriften 2, 264): „Die Meinung von der Negativität des Christentums ist vortrefflich; das Christentum wird dadurch zum Range der Grundlage der projektirenden Kraft eines neuen Weltgebäudes und Menschentums erhoben, eines lebendigen moralischen Raums 2c."
30) Carlyle Frederick (People's Ed. 2, 336; Tauchn. Ed. 4, 97; Book VII, ch. 8), the heresy about Predestination, or the „freie Gnadenwahl" (Election

by Free Grace), as his Majesty [Friedrichs Vater] terms it, according to which a man is preappointed from all Eternity either to salvation or the opposite (which is Fritz's notion, and indeed is Calvin's, and that of many benighted creatures, this Editor among them), appears to his Majesty an altogether shocking one", zuerst gedruckt 1858 (vgl. eb. Tauchnitz Ed. 4, 165, Book 8, ch. 5; People's Ed. 3, 51.) Eigentlich in Widerspruch damit stehen Worte wie Rem. (ed. Nort.) 1, 3: I shall look at these houses he [nämlich f. Vater] built, with a certain proud interest; they stand firm and sound to the heart all over this little district ... they are little texts, for me, of the Gospel of man's Free will.

Ein Wort bei Crozier (Religion of the Future 42) als Carlylisch angegeben, aber unbelegt und unzuverlässig, würde die mildeste Auffassung der „Sünde" zeigen, die Carlyle (vielleicht in seinem Alter?) gehabt hätte: all faults are properly short-comings; crimes themselves are nothing better than a not doing enough; a fighting but with defective vigour.

Wenn Carlyle unbedingt und zu allen Zeiten an der Calvinschen Lehre festgehalten hätte, hätte er nie z. B. das folgende (von Goethe eigentlich erst übernommene Wort aussprechen können: we are firm believers in the maxim that for all right judgment of any man or thing, it is useful, nay essential, to see his good qualities before pronouncing on his bad (Essays 1, 218; Goethe).

31) Die Vergleichung von Goethes etwas zurückhaltender Stellung zu Dante (vgl. nur u. a. Zahme Xenien Nr. 159: Wo Schreckensmärchen schleichen 2c. und 160: Modergrün aus Dante's Hölle Bannet fern von euerm Kreis, Ladet zu der klaren Quelle Glücklich Naturell und Fleiß; f. auch Invect. 31) und Carlyles unbedingt bewundernder (Heroes 2c.) ist von Bedeutung und bezeichnet die Differenz ihrer Weltanschauung.

32) Schriften 2, 261.
33) Wilhelm Meisters Wanderjahre, 2. Buch, 2. Kap. (Cotta, 40 Bände, Unsg. 18, 198.)
34) Life by Froude III, Kap. 10 S. 256.
35) Froude 4, Kap. 29 die letzten Worte.
36) Brief an seine Frau vom 23. Juli 1853, Froude 4, Kap. 21 S. 133; vgl. Tagebuch vom 28. Februar 1854, a. a. O. und die Tagebücher abgedruckt Kap. 24, a. a. O. und daselbst den Brief an seine Frau vom 5. Juli 1858.
37) Über Cromwells „Melancholy" und seine Worte darüber: „Our sorrow is the inverted picture of our nobleness." vgl. Cromwell 1, 49.
38) In dem Briefe (abgedruckt bei Froude, 4. Kap., 17) fährt er fort: „Ich darf nicht klagen, ich will versuchen, mein Werk zu verrichten, so lange es Tag ist. Und ist es nicht gerade dasjenige, was ich gewählt haben würde, wenn das Weltall mit all seiner Herrlichkeit mir vorgelegen hätte. Die große Weltseele ist gerecht. Mit einer Stimme, sanft wie Sphärenharmonie und stärker, ernster wie Donner, trifft sie uns von Zeit zu Zeit, mitten in dem öden Gerede des Tages. Dies ist die große Wahrheit, in der wir leben, die uns erschuf. Die Welt ist eine edle, spartanische Mutter, jedem, der kühn genug ist, ihr Sohn sein zu wollen. Mut, Mut! wir dürfen nicht unsern Posten verlassen, bis wir umsinken. Das

96　Zweiter Teil. Carlyles religiöse und sittliche Weltanschauung

ist das Gesetz. Oft denke ich an die Worte über dem Höllenthor bei Dante: »Ewige Liebe erschuf mich!« oder besser »....« Selbst mich! Das ist ein Wort, über welches das ganze armselige Geschlecht unsrer Tage Geschrei erhebt, und nicht versteht."
³⁹) Otto Pfleiderer, a. a. O., S. 331. Man muß hierbei an Carlyles Stellung zum ganzen „Griechentum" denken und es mit der Goethes dazu vergleichen, und sieht bald — mit Schmerzen — die Wahrheit von Schillers Worten (Die Antike an den nordischen Wanderer):

„Hast du von deinem Herzen gewälzt die Wolke des Übels,
Die von dem wundernden Aug' wälzte der fröhliche Strahl?
Ewig umsonst umstrahlt dich in mir Joniens Sonne,
Den verdüsterten Sinn bindet der nordische Fluch!"

⁴⁰) Westöstlicher Divan, 16. Buch, H. 23, 19.
⁴¹) Sprüche in Prosa, Nr. 569, S. 120, ed. Loeper.
⁴²) Oder wie der zweite Vers ursprünglich lautet, Entwurf zur Farbenlehre (Einleitung), 40bänd. Ausg. 37, 5:

„Wie könnten wir das Licht erblicken,"

eine Übersetzung, welche jedoch von dem Original des „alten Mystikers" (a. a. O.) Plotinus mehr noch abweicht, vgl. Zahme Xenien, Nr. 152 (Loeper 3, 144) und daselbst die Anmerkungen; auch Düntzer im Goethe-Jahrbuch 3, 327 ff.
⁴³) Est in animis nostris, ut ita dixerim, naturalis quaedam sanctitas, (August. ad. Demetr. c. 4, vgl. Luthardts Dogmatik, 7. Aufl., S. 158), dies ist der Glaube des Pelagius, seit dem Konzil von Carthago (418) bis heute verfolgt! Über Luthers Stellung zur Frage, vgl. u. a. Luthardt (a. a. O., S. 172), bei ihm „geht es nicht aus freiem, lustigen Herzen" und „fehlt die Liebe zu Gott und seinem Gesetz" (vgl. Anhang). Die Lehre der heutigen Dogmatik spaltet sich. Nach der einen Richtung ist „der Mensch von sich aus unvermögend zum wahrhaft Guten und geneigt zu allem Bösen" (das glaubt z. B. Luth., a. a. O., S. 168), nach ihr „vertritt Pelagius" (also auch Goethe!): „ohne tiefere Sündenerfahrung [was doch nichts schlimmes wäre!] und ohne Tiefe des Gedankens [was erst zu beweisen wäre!] die Oberflächlichkeit, welche den Menschen auf seine eigne sittliche Kraft stellt" (a. a. O. 169); nach der andern Richtung (Ritschl) wird die Erbsünde radikal geleugnet, die Möglichkeit einer sündlosen Lebensentwicklung nicht für unmöglich gehalten, und die Idee des Zornes Gottes für ein alttestamentarisches, für die Gegenwart und Christen „heimatloses wie gestaltloses Theologumenon" gehalten (vgl. Luth.'s eigentümliche Polemik dagegen, S. 161 ff.). Nach der katholischen Dogmatik wird ebenfalls die Palme in dieser unseligen Streitfrage dem Augustin zu erkannt, vgl. u. a. Habingsreither, Lehrbuch der katholischen Religion I, 79 ꝛc. Daß das ganze allerdings ein alttestamentarisches Erbstück ist, zeigt die Röm. 9, 15 gegebene Parallelstelle, 2. Mos. 9, 16 ꝛc.
⁴⁴) Bei Froude 3, Kap. 3, S. 77 in dem Briefe an seine Frau vom 8. August 1836, vgl. Essays I, 195 (Goethe): The „open secret" is no longer a secret to him, and he knows that the Universe is full of goodness; that whatever has being, has beauty; und vgl. Essays 4, 62 (Biography) im Anschluß an die rührende Erzählung Boswells von Johnsons Zusammentreffen mit einer „woman of town."

⁴⁵) Brief an seine Frau vom 23. März 1842 (Froude 3, Kap. 9, S. 241; vgl. damit Sterlings Worte zur Caroline Fox (18. Juli 1840, Kap. 1 der Memories): „Sterling would define Carlyle's religious views as a warm belief in god, manifested in everything that is, whose worship should be pursued in every action;" vgl. die sechste von Sterlings dreizehn „Axioms" der Carlyleschen Weltanschauung (in London and Westm. Review, Oktober 1839, S. 33) „This sense of the Divine, penetrating and brigthening a man's whole Nature ıc."
⁴⁶) Froude, Life 3, Kap. 15, S. 425.
⁴⁷) Vgl. das Tagebuch der Caroline Fox vom 18. Juli 1840 (Kap. 1): On Carlyle; his low view of the world proceeding partly from a bad stomach ıc.; siehe auch vom 20. Mai 1847 (Memories, Kap. 13): Looking dusky and aggrieved at having to live in such a generation ıc.; und ebd. vom 24. März 1843 (Kap. 9); damit hängt auch die vom 16. Mai 1841 (Kap. 7) berichtete Erzählung zusammen: [Sterling] has just heard from Carlyle, who says that the problem which of all others puzzles him is, whether he is created for a Destroyer or a Prophet," (Is he not both, and must not every great man, if a Destroyer, be also a Builder?)
⁴⁸) [Carlyles] tone is that of one who not only believes in the power and government of God, but believes in them with the intensity of an Elijah, calling down fire from Jehova to confound the worshippers of Baal, Bayne Lessons from my Masters (1879), S. 123; vgl. David Maſſons Büchlein, „Carlyle 1885, S. 93: Minus the Ceremonialism and the miraculous particulars, it is the religion of the Old Testament, the religion of Job, Isaiah, and Ezekiel."
⁴⁹) Das ſind Stellen, wo wir ſogar von einer Duty of Revenge leſen, wie Misc. 6, 133. £. D. P. 62—67. Scoundrels cannot be commanded by mere love, £. D. P. 47, vgl. ebd. 59, 65. Auch Heroes 138.
⁵⁰) Life of Chalmers by Hanna, S. 4, 109; vgl. auch Nicoll, S. 106 ıc.
⁵¹) Vgl. Goethe über „Glaubensbekenntniſſe" ıc. im Briefe des Paſtors zu X (D. J. G. 2, 283): „Und einmal vor allemal, eine Hierarchie iſt ganz und gar wider den Begriff einer echten Kirche. Denn, mein lieber Bruder, betrachtet nur ſelbſt die Zeiten der Apoſtel gleich nach Chriſto Tod, und ihr werdet bekennen müſſen, es war nie eine ſichtbare Kirche auf Erden. Es ſind wunderliche Leute die Theologen, da prätendiren ſie, was nicht möglich iſt. Die chriſtliche Religion in ein Glaubensbekenntnis bringen, o ihr guten Leute! ... Da ſiehts denn ſchon gewaltig ſcheu um unſre Lehre aus, wenn wir alles, was in der Bibel ſteht, in ein Syſtem zerren wollen"... Vgl. Eckerm., 11. März 1833 (3, 256): Es iſt gar viel dummes in den Satzungen der Kirche. Aber ſie will herrſchen und da muß ſie eine bornirte Maſſe haben.... ıc. ıc.
⁵²) (Froude 3, Kap. 2, S. 44). Corn-Law Rhymes. Eſſays 4, 189, vgl. auch Fred. the Great I, 16. Zahlreich ſind Goethes ähnliche Äußerungen über die Bibel im 7. Buche vom W.·Ö. D., Wilhelm Meiſter, den Anmerkungen zum Divan, Eckermann u. ſ. f. Eine wichtige und bisher wenig beachtete Stelle findet ſich in dem Briefe an die Frau von Stein vom 9. Juli 1784 (2. Ausg. 2, 199): „Das Buch bleibt, was es iſt und wird nicht dazu, wozu es dieſer oder jener machen möchte. Die arme beſchränkte Gewalt der kräftigſten Menſchen

mögte gern Himmel und Erde nach Lieblingsideen umschaffen und Herr über unbezwingbare Wesen werden" ꝛc. — Vgl. Harnack, S. 45 ff. und den philologischen Nachweis in der reizenden Studie von Victor Hehn im neuesten Goethe-Jahrbuche.

53) Vgl. in der Rezension von Stolbergs Jon ꝛc. (H. 29, 486, aus dem Jahre 1826): „Doch es sei! Diese Meinung wird immer bei denen bestehen, die sich gern Vorrechte wünschen und zuschreiben, denen der Blick über Gottes große Welt, die Erkenntnis seiner allgemeinen, ununterbrochenen und nicht zu unterbrechenden Wirkungen nicht behagt, die vielmehr um ihres lieben Ichs, ihrer Kirche und Schule willen Privilegien, Ausnahmen und Wunder für ganz natürlich halten."

54) Hegner (Beiträge zur näheren Kenntnis ... Lavaters, 1836) 147.
55) Life of Sterling 80, 84, 92.
56) (Briefwechsel zwischen Schiller und Goethe, Nr. 194.)
57) Briefwechsel 2, S. 48 (Nr. 99) der 2. Ausg. (S. 203 der 1. Ausg.).
58) An Körner, 12. August 1787 (I, 131).
59) Froude 3, 44 (Kap. II).
60) Vgl. Anhang Nr. X. In einem Briefe an Thomas Erskine vom 12. Juni 1847 (Froude 4, Kap. 17, S. 19) finden sich diese starken Worte, welche in ihrem wahren Sinne erfaßt werden müssen, wenn man der Carlyleschen Weltanschauung nicht Unrecht thun will. Zur Vergleichung seien einige von Goethe in ähnlichem Sinne zu verstehende beigebracht, welche ebenfalls ohne die schon oben beigebrachten Sätze zu einseitiger Betrachtung verführen könnten:

An Herder (aus Frankfurt, Mai 1775, D. J. G. 3, 85): „Wenn nur die ganze Lehre von Christo nicht so ein Scheinding wäre" ꝛc.; an die Frau von Stein, 9. Juli 1784 (2. Ausg. 2, 199, Nr. 505): „Daß er [Lavater] von den albernsten Märchen mit Anbetung spricht, daß er sich mit veralteten, barbarischen Terminologien herumschlägt und sie in und mit dem Menschenverstande verkörpern will, gehört so notwendig zu seinem und des Buches Dasein" ꝛc.; an Lavater, 29. Juli 1782: „Da ich zwar kein Widerchrist, kein Unchrist, aber doch ein decidirter Nichtchrist bin, so haben mir dein Pilatus ... widrige Eindrücke gemacht" (vgl. damit die Worte beim Kanzler von Müller, S. 138; Anmerkung 21); auch der Brief an Lavater (Hegners Beiträge zur näheren Kenntnis ꝛc. Lavaters, 1836, S. 140; vom 22. Juni 1781) kommt mit in erster Linie in Betracht, wo es sich um Goethes Stellung zum Christentum handelt: „Nur das kann ich nicht anders als ungerecht und einen Raub nennen, der sich für deine gute Sache nicht ziemt, daß du alle köstlichen Federn der tausendfachen Geflügel unter dem Himmel ihnen, als wären sie usurpirt, ausraufst, um deinen Paradiesvogel [nämlich Christus] ausschließlich damit zu schmücken; dieses ist, was uns notwendig verdrießen und unleidlich scheinen muß, die wir uns einer jeden durch Menschen und den Menschen offenbarten Wahrheit zu Schülern hingeben [vgl. den Brief an Pfenninger, 26. April 1774, D. J. G. 3, 13: Und so ist das Wort der Menschen mir Wort Gottes ꝛc.], und als Söhne Gottes beten wir ihn in uns selbst und allen seinen Kindern an. Ich weiß wohl, daß du vor dir Recht behältst, doch finde ich es auch nötig, daß du deinen Glauben und Lehre wiederholend predigest,

Anmerkungen zum zweiten Teil

dir auch den unsrigen als einen ehernen bestehenden Fels der Menschheit wiederholt zu zeigen, den du und eine ganze Christenheit mit den Wogen eures Meeres vielleicht einmal übersprudeln, aber weder überströmen, noch in seinen Tiefen erschüttern kann;" vgl. den Brief an die Frau von Stein aus Tiefenort, 6. April 1782 (2. Ausg. 2, 36 ff., Nr. 82): „Hans Kasper ... flickt seinem Christus auch so einen Kittel zusammen und knüpft aller Menschen Geburt und Grab, A. und O., Heil und Seeligkeit dran, da wirds abgeschmackt, dünkt mich, und unerträglich. ... Ihm hat die Geschichte Christi so den Kopf verrückt, daß er eben nicht los kommen kann. Mich wunderts nicht, freilich ists Tausenden so gegangen. Aber auch Wie? Wann? Wo? Wem?" und 23. Oktober 1787 von Rom (Italien, Reise ed. Düntzer, S. 419): „Wenn k. seine ganze Kraft anwendet, um ein Mährchen wahr zu machen 2c." (vgl. über Lavaters „Durst nach Christus," noch Loepers treffliche Belegen zum W.·Ö. D. 14, auch 22, 410 ff.). Auf Grund dieser Stellen ergiebt sich das direkte Verständnis des allerdings auch der muhammedanischen Vorstellung entsprechenden (vgl. Loepers Anmerk.) Spruches aus dem Divan (Buch Suleika; an Suleika, H. 4, 135):

> Jesus fühlte rein und dachte
> Nur den einen Gott im Stillen;
> Wer ihn selbst zum Gotte machte,
> Kränkte seinen heil'gen Willen.

Vgl. die Rezension aus den Frankfurter Gel. Anzeigen, Nr. 72 (H. 29, 43 und von Goethe selbst zitirt, S. 52): Tausende sind es ... die Christum als ihren Freund geliebt haben würden, wenn man ihn ... nicht als mürrischen Tyrannen vorgemalt hätte 2c.

⁶¹) Dieses merkwürdige Wortspiel findet sich bei Carlyle später wieder in der Vorrede zu Emersons Essays (vom 11. August 1841): „Whether this Emerson be a »Pantheist,« or what kind of Theist or Ist he may be, can perhaps as well remain undecided. If he prove a devout-minded, veritable, original man, this for th·· present will suffice. Ists and Isms are rather growing a weariness. Such a man does not readily range himself under Isms."

⁶²) Der Brief ist leider undatirt. Stammt aber jedenfalls aus der Zeit des Sartor selbst, etwa 1835, vgl. Froude 3, Kap. 2, S. 43. [Der Schluß dieses Briefes erinnert an den Schluß des oben herbeigezogenen Briefes von Goethe an Lavater: „Hauche mich mit guten Worten an und entferne den fremden Geist. Der fremde weht von allen Enden der Welt her und der Geist der Liebe und Freundschaft nur von einer."] (Hegner 147).

⁶³) Fichte (Appellation 2c.), Werke 5, 221.

⁶⁴) Vgl. Past and Pres. 196; Fichte, Werke 7, 251 (Grundzüge des gegenwärtigen Zeitalters, 17. Vorlesung): „Das einzig wahrhaft Edle im Menschen, die höchste Form der in sich selbst klar gewordenen Idee ist die Religion: aber die Religion ist gar kein Äußerliches und erscheint nie in irgend einer Äußerung, sondern sie vollendet bloß innerlich den Menschen. Sie ist Licht und Wahrheit im Geiste. Das richtige Handeln findet sich dann von selber, denn die Wahrheit kann nicht anders handeln, als nach der Wahrheit; aber dieses richtige Handeln ist kein Opfer mehr, noch ein Dulden und Entbehren, sondern es ist

selber die Ausübung und Ausströmung der höchsten inneren Seligkeit." (Vgl. S. 247 und 234, 16. Vorlesung.)

65) „In our era of the world, those same Churchclothes have gone sorrowfully out-at-elbows: nay, far worse, many of them have become mere hollow Shapes or Masks" zc. Sartor 3, 2 (S. 209).
66) Past and Pres. 52, 58, 101, 117.
67) Latter-Day-Pamphl. 266. Life of Sterling 85, 92.
68) Hier mögen die Knüppelverse stehen, welche später, verändert, in Past and Present Aufnahme fanden (2, 15, S. 101):

„Thirty-nine English Articles
Ye wondrous little particles;
Did God shape His Universe really by you?
In that case I swear it,
And solemnly declare it,
This logic of Maurice's is true."

Life ed. Froude 3, 5. 40 (die Anspielung gilt dem Pamphlet Frederick Maurice's über die 39 Articles); über die 39 Artikel vgl. besonders auch Past and Pres. 194 ff.
69) Froude 2, 3, S. 40.
70) Life of Sterling 92.
71) Life of Sterling 85—86.
72) Latter-Day-Pamphlets 267; vgl. den Anhang Nr. 4, S. 21.
73) Latter-Day-Pamphlets 267 (ebd. 268).
74) Life of Sterling, S. 52.
75) Froude 3, Kap. 4, 107.
76) Vgl. über diese „new Ideas" about making the world better Caroline Fox's Tagebuch in den Memories, Kap. 8. 28. Mai 1842.
77) Latter-Day-Pamphlets 283, 285 zc.
78) Diese „Pills" verwendet Carlyle besonders im Past and Pres. 1, 4 (S. 20 ff.) zu unübertrefflicher Satire, vgl. Miltons „vicious principles in sweet pills to be swallowed down" zc., Reason of Church Gov. 2. Buch, Einleitung S. 44 (ed. Fletcher).
79) Vgl. Froude 484, Kap. 34.
80) Kant, siehe Anmerk. 97; vgl. Fichtes Worte in der Bestimmung des Menschen (Kehrbach, S. 143): „Es ist keine Natur mehr! Du, nur du bist!" und „Über den Grund unseres Glaubens an eine göttliche Weltregierung" (Werke 5, 187): „Es ist daher ein Mißverständnis, zu sagen: es sei zweifelhaft, ob ein Gott sei oder nicht. Es ist gar nicht zweifelhaft, sondern das Gewisseste, was es giebt, ja der Grund aller andern Gewißheit, das einzige absolut gültige Objektive" u. s. f., und in der Appellation zc. (Werke 5, 223): „Unsre Philosophie leugnet nicht alle Realität; sie leugnet nur die Realität des Zeitlichen und Vergänglichen, um die des Ewigen und Unvergänglichen in seine ganze Würde einzusetzen."
81) Diese Worte erinnern merkwürdig an die Fichteschen in der Appellation zc. (Werke 5, 212): „Wo die Pflicht geübt wird, da geschieht der Wille

Anmerkungen zum zweiten Teil [101

des Ewigen, und dieser ist notwendig gut. Nicht mein Wille, sondern Seiner geschehe, nicht mein Rat, sondern der Seinige gehe von Statten, ist der Wunsch seines Lebens, und so verbreitet sich eine unerschütterliche Freudigkeit über sein ganzes Dasein". (Vgl. ebd. 227 u. f. f.).

⁸²) Fichte, Sämtl. Werke 5, 215—216.

⁸³) Wie abfällig er — der ursprüngliche Mathematiker — von „der Wissenschaft" spricht, allerdings nur in Tagebüchern und Briefen, dazu vgl. den Brief an seine Frau vom 9. Juni 1865 (Froude 4, Kap. 27, mit Bezug auf Darwins Theorie): „May the Lord confound all such dreary insolences of loquacious blockheadism, entitling itself Science. Science, as the understanding of things worth knowing, was once a far different matter from this melancholy maundering and idle looking into the unknowable, and apparently the not worth knowing," und Tagebuch vom 8. Juni 1868 (Froude 4, Kap. 31, S. 370): „The finest stroke that »Science,« poor Creature, has or may have succeeded in making during my time (von einer Theorie des Sonnensystems). But what has it to do with the existence of the Eternal Unnameable? Fools! Fools! It widens the horizon of my imagination, fills me with deeper and deeper wonder and devout awe."

⁸⁴) Fichte, Sämtl. Werke, vgl. Anmerk.

⁸⁵) Vgl. Fichtes beständigen Kampf mit dem Begriff der „Erfahrung" in den Grundzügen des gegenwärtigen Zeitalters, 2. Vorl. (Werke 7, 28 ff., 5, 205; Bestimmung der Menschen, S. 83 ꝛc.): „Die Ideen einer höheren Welt und ihrer Ordnung ... sind durchaus in keiner Erfahrung begründet ꝛc." Vgl. über diesen auf Kant (Kritik der reinen Vernunft, S. 112, 583, 647 ff. ꝛc., ed. Kehrbach) zurückgehenden Gedanken besonders noch Goethe, Sprüche in Prosa, Nr. 711, 712: „Wenn Künstler von Natur sprechen, subintelligiren sie immer die Idee, ohne sichs deutlich bewußt zu sein" [vgl. hier das Schillersche Wort über die Urpflanze: „Das ist keine Erfahrung, das ist eine Idee! H. 27, 311]. Ebenso gehts allen, die ausschließlich die Erfahrung angreifen; sie bedenken nicht, daß die Erfahrung nur die Hälfte der Erfahrung ist;" siehe noch über das Experiment Spruch 805, 956, 1009 ꝛc. — Aus dieser Betrachtungsweise fließt auch natürlich Carlyles Stellung zu Comte und dem Positivismus, auf den er stets sehr schlecht zu sprechen ist. „Poor »Comtism«, ghastliest of algebraic spectralities ... these are things which, much as I have struggled with the mysteries surrounding me, never broke a moment of my rest. Mysteious! be it so if you will. But is not the fact clear and certain? Is it a mystery you have the least chance of ever getting to the bottom of? Canst thou by searching find out God? I am not surprised thou canst not, vain fool.... An immense development of Atheism is clearly proceeding, and at a rapid rate, and in joyful exultant humor both here and in France.... French medical prize essay of young gentleman, in similar costume or worse, declaring, „we come from monkeys." Virtue, vice are a product, like vitriol, like vinegar; this, and in general that human nature is rotten, and all our high beliefs and aspirations mud ꝛc., Tagebuch vom Juni 1868, Froude 4, Kap. 31, S. 372; ferner aus demselben Jahre oder dem Jahre vorher (denn das Nachwort ist Mentone,

Januar 2, 1867 unterzeichnet): „One of my last letters, flung into the fire just before leaving London [sc. for Mentone], was from an Oxford self-styled „religious inquirer," who asks me if in those pages of „Meister" there is not a wonderfully distinct foreshadow of Comte and Positivism! Phoebus Apollo, god of the sun, foreshadowing the miserablest phantasmal algebraic ghost I have yet met with among the ranks of the living! Reminisc. [Ed. Jrving] Am. Ed. 166, L. S. 1, 337 (ed. Norton 2, 219). Über seine Stellung zum Positivismus vgl. Canadian Monthly, Vol. 19, 639 ff. Über sein (später billigendes) Urteil über Darwin vgl. Prof. Tyndalls Brief an die Times vom 4. Mai 1882 (abgedruckt bei Mead Philosophy of Carlyle 137); ferner Wylie, Kap. 21 (persönliche Reminiscenz); und die Nachricht von D.'s und C.'s erstem Zusammentreffen, im Tagebuch vom 30. Dezember 1850, Froude 4, Kap. 19; Brief vom 9. Juni 1865 an seine Frau, bei Froude 4, Kap. 27.

⁸⁶) Essays I, 67 (Germ. Lit.).

⁸⁷) Vgl. Fichte „über den Grund" ꝛc. (Werke 5, 178): Arme Philosophie! Wenn es nicht schon im Menschen ist, so möchte ich wenigstens nur das wissen, woher denn deine Repräsentanten, die doch wohl auch nur Menschen sind, selbst es nehmen? . . . Die Philosophie kann nur facta erklären, keineswegs selbst welche hervorbringen ꝛc.

⁸⁸) Essays 4, 36; Anmerk. Vgl. das glänzende und dem deutschen Volke schmeichelhafte Urteil bei Taine im Idéalisme Anglais 74 ff. und History of Engl. Lit. Book 5, Kap. 4, § 2 (S. 659): By it they . . . connected God with the world, man with nature, spirit with matter, perceived the successive chain and the original necessity of the forms, whereof the aggregate is the Universe ꝛc.

⁸⁹) Vgl. dasselbe Bild im Essay über Novalis 2, 227: its element is not Mathematics but that Mathesis of which it has been said many a great Calculist has not even a notion.

⁹⁰) Ich finde im Littré s. v. Géométriser: L'être suprême qui selon l'expression ingénueuse d'un géomètre anglais, géométrise perpetuellement dans l'univers, Diderot Lettres sur les aveugles (ob dieser Géomètre Anglais nicht Newton ist?). Ein Freund teilt mir aus Stephanus Thesaurus mit: Plutarch $\Sigma\nu\mu\pi o\sigma\iota\alpha\kappa\grave{\alpha}\ \pi\rho o\beta\lambda\acute{\eta}\mu\alpha\tau\alpha$ VIII, 2, 718: $\pi\tilde{\omega}\varsigma\ \Pi\lambda\acute{\alpha}\tau\omega\nu\ \check{\epsilon}\lambda\epsilon\gamma\epsilon, \tau\grave{o}\nu\ \vartheta\epsilon\grave{o}\nu\ \grave{\alpha}\epsilon\grave{\iota}\ \gamma\epsilon\omega\mu\epsilon\tau\varrho\epsilon\tilde{\iota}\nu,\ \epsilon\check{\iota}\gamma\epsilon\ \delta\grave{\eta}\ \vartheta\epsilon\tau\acute{\epsilon}o\nu\ \epsilon\check{\iota}\nu\alpha\iota\ \tau\grave{\eta}\nu\ \grave{\alpha}\pi\acute{o}\varphi\alpha\sigma\iota\nu\ \tau\alpha\acute{\iota}\tau\eta\nu\ \Pi\lambda\acute{\alpha}\tau\omega\nu o\varsigma.$

⁹¹) Carlyle meint hier unmöglich, daß diese Dinge absolut nicht von Locke berührt würden, sondern wendet sich nur gegen die Art, wie sie berührt werden. Heiter genug allerdings ist es, für den nach Berkelay und Kant lebenden Lockes Worte zu vernehmen (Essay conc. Hum. Underst. Book 2, 13; S. 63 des ersten Bands der Ausgabe von 1723): we get the Idea of Space, both by our Sight and Touch. Die Zeitvorstellung entsteht durch die „Consideration of Duration" eb. Kap. 14, S. 73 ꝛc. Vgl. Kants Kritik Lockes in der Kritik der reinen Vernunft (ed. Kehrbach) S. 643. Welche Schuld Carlyle Locke zuweist an der Beförderung einer mechanischen Weltanschauung, zeigt Misc. 1, 185.

92) Vgl. Überweg-Heinzes Geschichte der Neueren Philos., Bd. III, S. 189.

93) Der Titel dieser Schrift des Pierre Jean George Cabanis (1757—1808) lautet: Rapports du physique et du moral de l'homme. Précédés d'une table analytique par M. le comte Destutt de Tracy. Nouvelle éd. Paris 1824. Vgl. über Cabanis noch Überweg-Heinze 3, 455 und vor allem Alb. Langes Geschichte des Materialismus.

94) Gegen Reids „principles of commonsense, self-evident truths" vgl. Überweg-Heinze 3, 189.

95) Carlyle sagt wörtlich: „nay the introduction of it into philosophy may be considered as an act of suicide on the part of that Science" (2, 203), ein Bild, welches Noah Porter geistreich aufgreift in seinem Aufsatz: Physiological Metaphysics or the apotheosis of science by suicide, Princetow 1 Review 1878.

96) Vgl. Kants Kritik Humes in der Kritik der reinen Vernunft (Von der Unmöglichkeit einer skeptischen Befriedigung der mit sich selbst veruneinigten reinen Vernunft), Kehrbach, S. 578 ff., besonders S. 583 u. f. f.

97) Vgl. Fichte, Anm. 80 (und Werke 5, 188. 211. 181 2c.) Wir zweifeln eben nicht, daß Carlyle hier in erster Linie an Kants Worte gedacht hat. Kritik der reinen Vernunft. Elementarlehre 3, 2 (vom transcendentalen Jdeale (ed. Kehrbach, S. 460 ff.: „Wie kommt die Vernunft dazu, alle Möglichkeit der Dinge als abgeleitet von einer einzigen, die zum Grunde liegt, nämlich der der höchsten Realität, anzusehen, und diese sodann als in einem besondern Urwesen enthalten vorauszusetzen? und im dritten Abschnitt: Von den Beweisgründen 2c. (S. 463): (Die gewöhnliche menschliche Vernunft) fängt nicht von Begriffen, sondern von der gemeinen Erfahrung an, und legt also etwas Existierendes zum Grunde. Dieser Boden aber sinkt, wenn er nicht auf dem unbeweglichen Felsen des absolut Notwendigen ruhet. Dieser selbst aber schwebt ohne Stütze, wenn noch außer und unter ihm leerer Raum ist, und er nicht selbst alles erfüllt und dadurch keinen Platz zum Warum mehr übrig läßt, d. i. der Realität nach unendlich ist" und oft.

98) Essays 1, 67—69. State of Germ. Litt.

99) Vgl. Eckermann 2, 47 (13. Februar 1829).

100) Vgl. seine Äußerungen über Novalis, Essays 2, 205.

101) Essays 1, 202.

102) these Kantean systems 2, 204.

103) Dies hängt zusammen mit Jeffreys Urteil über die „incomprehensible mystics" (in seiner Rezension von Goethes Wilh. Meister, Ed. Rev., Aug 1825, Jeffreys Essays S. 123); vgl. Anm. zu S. 87 des ersten Teils dieser Arbeit. Vgl. übrigens Fichtes eigne Verteidigung vor der Anklage des Mystizismus in seiner „Anweisung zum seligen Leben", zweite Vorlesung (Werke 5, 427 ff.), welche Carlyle also offenbar nicht gekannt hat, da er nur von der „in England" erhobenen Klage spricht.

104) Essays I, 65. State of German Litterature (1827).

105) Vgl. S. 26. Gedanken, wie „matter exists only spiritually", Sartor 70; the Spiritual the parent and first-cause of the Practical, L. D. P. 251 u. a. scheinen ebenfalls auf Fichte zurückzugehen.

¹⁰⁶) Es wäre überflüssig, Parallelstellen für den alten Gedanken, daß das „Universum ein Gedanke Gottes" sei, aus Schiller und zahllosen andern beizubringen, die Ausdrucksweise des Gedankens, die „göttliche Idee" geht auf Fichte zurück, wie Carlyle selbst bestätigt in den Lectures on Heroes (Lekt. 5, S. 40) und bezieht sich auf den zweiten Teil der „Bestimmung des Gelehrten", nämlich die Reden über das „Wesen" des Gelehrten, vgl. daselbst S. 66 (Leipzig, Reclam) und die ganze zweite Vorlesung, S. 75 ff., 97 2c.; vgl. Heroes Lecture 3 (S. 21): „the Divine Idea of the world, that which lies at the bottom of Appearance" as Fichte styles it (die Worte bei Fichte a. a. O. S. 66. „Der höhere Grund aller Erscheinung") und vor allem Essays 1, 49 ff. 4, 27 2c.

¹⁰⁷) Fichte, Gesammelte Werke 5, 212.

¹⁰⁸) Daß Carlyle auch bei Fichte Anstoß an der Terminologie nahm, zeigen Froudes Erinnerungen: „In the way of visible occupation I find only that he was reading Fichte, with small satisfaction, the „Ich" and „Nicht Ich" „proving shadowy concerns", Froude, Li‘e 3, 488.

¹⁰⁹) Vgl. das Zitat aus Schellings „Methode des akademischen Studiums" Essays 1, 71 2c. Die Early Letters bringen nachträglich noch Weniges über seine Beziehungen zu deutschen Philosophen. An Mitchell 18. März 1821 (F. L. 1, 333): do not fear that I will lead you into the mazes of Kantism ... As to Kant, and Schelling and Fichte and all those worthies, I confess myself but an esoteric after all ...; aus bisher ungedruckten Briefen an seinen Bruder John, der in München sich länger aufhielt, bin ich durch die Güte der Mrs. Alexander Carlyle ermächtigt, folgendes mitzuteilen:

„You can tell Herr Schelling when you see him that he has more friends here than he wots of; that the thing he has thought in his solitary soul has passed or is ready to pass into many souls, of British speech, and do its work there, »not like water spilt on the ground.«" [23. Sept 1833.]

„I envy you the speech of Schelling: there are few men in Europe, I would go farther to see." [27. Nov. 1835.]

„See much of Schelling: you will not see such a man so bald wieder. There are few men alive now (perhaps not any) I would go so far to see. Treasure what he says and tell it me." [26. January 1836.]

„Give my kind remembrances to Lichtenthaler; my hope to Schelling (if you ever talk in that way) that I shall one day see him in this world. If there is any Book of his not about metaphysics, buy it." [23. Febr. 1836.]

¹¹⁰) Vgl. den Anhang 6.

¹¹¹) Dies erinnert an das Wort Vischers — mit dessen Weltanschauung sonst die Carlyles keinen Berührungsgrund hat — im zweiten Bande der Ästhetik § 232, Anm.: Aufgabe aller Philosophie ist die Destruktion der Metaphysik durch Metaphysik.

¹¹²) Vgl. Heroes Vorlesung 5 (S. 41) über Goethes Leben: „really a Prophecy in these most unprophetic times; to my mind by far the greatest, though one of the quietest among all the great things that have come to pass in them.

¹¹³) Dieses Bild des Felsens, der bis zum „Feuer im Erdinnern" seine

Wurzeln erstreckt, gebraucht Carlyle öfters. Er mag es wohl von Goethe mit übernommen haben, jedenfalls aber war dem Sohne Schottlands das Bild von Jugend an geläufig. Vgl. den von mir in den Grenzboten 1885, III, S. 563 ff. veröffentlichten Brief Goethes an Carlyle (jetzt auch C. G. 325); ferner die Stelle aus Goethes Arbeit über den Granit, abgedruckt in Kalischers Einleitung S. 163 und oft ähnliches.

114) Vgl. das höchst bedeutende Wort Carlyles in dieser Richtung, Essays 5, 5 (Diderot): Immer muß Selbstverleugnung, Selbstvernichtung der Anfang jeder sittlichen That sein, unterdessen vermag aber der, welcher nichts scheut, schon die zarten Fäden einer neuen (ethischen) Weltanschauung zu sehen, wo auch (diese herbe Selbstverleugnung) sich auflöst wie in einem harmonischen Elemente.... Wie z. B. kann vollkommene Duldung des Schlechten bestehen mit der beständigen Überzeugung, daß Recht und Unrecht zu einander stehen wie Gott und der Satan!... Wie mit einem Worte ... soll es schließlich offenbar werden, daß das (sittlich) Gute doch nicht das Höchste ist, sondern das Schöne, daß das wahre Schöne das Gute in sich begreift..." (Vgl. Anhang III, 3. Anm.)

115) Miltons Prose Works, ed. Fletcher, S. 71 (in der Apol. for Smectymn.). Über Miltons Dichterbegriff, welcher schon einen gewaltigen Fortschritt über die auf Aristotelisch-Horazischer Grundlage ruhenden Ansichten, selbst des herrlichen Sidney darstellt, vgl. noch die Prolusiones Oratoriae No. 3 (S. 848, ed. Fletcher), No. 7 (S. 856. 857), of Education S. 100. Second Defence S. 928 :c. Bei Milton fand Carlyle auch schon den Gedanken, daß der Dichter ein Prediger sei, mit seiner eignen Kanzel (a. a. O.): These abilities, are the inspired gift of God rarely bestowed, but yet to some (though most abuse) in every nation: and are of power, beside the office of a pulpit, to imbreed and cherish in a great people the seeds of virtue and public civility. to allay the perturbations of the mind and set the affections in right tune, to celebrate in glorious and lofty hymns the throne and equipage of God's almightiness and what he works :c.; und ebenda the call of wisdom and virtue may be heard everywhere, as Solomon saith „she crieth without, she uttereth her voice in the streets, in the top of high places, in the chief concourse and in the openings of the gates." Whether this may not be, not only in pulpits, but after another persuasive method, at set and solemn paneguries, in theatres, porches etc. Dazu vgl. über die pulpits, of Education S. 101. Vgl. Carlyle, Essays, 4, 20.

116) Auch dies Bild (Jes. 6, 7; Jerem. 1, 9) kehrt bei Carlyle wieder, z. B. Essays 7, 219 :c.

117) a. a. O. S. 44 (Reason of Church Gov 2. Buch Einleitung Anm.).

118) Essays 4, 45, ebenda 7, 124, ebenda 4, 47. Vgl. Sartor 216: of this latter sort are all true works of art: in them (if thou know a work of Art from a Daub of Artifice) wilt thou see Eternity looking through Time, the Godlike rendered visible :c.

119) Hegel, Encyklopädie im Grundrisse, 5. Aufl., 1830, S. 574 Anm. Vgl. besonders noch seine Ästhetik 1, 134. 155 u. s. f.; mit Hegels Weiterführung des Gedankens und der Stellung der Philosophie als Drittem und Höchstem zur Kunst und Religion hat Carlyles Anschauung nichts gemein.

¹²⁰) Briefwechsel mit Goethe, I, 152 (9. Juli 1796. Nr. 188). Anm. Vgl. den hieran erinnernden und nur aus den damit zusammenhängenden Gedanken (wie Sprüche in Prosa 690. 147 ꝛc.) zu erklärenden Ausspruch in der „Nachlese zu Aristoteles' Poetik" (1827) H. 29, 492: „Die Musik aber so wenig als irgend eine Kunst vermag auf Moralität zu wirken, und immer ist es falsch, wenn man solche Einwirkungen von ihr verlangt. Philosophie und Religion vermögen dies allein ꝛc." Vgl. hierzu Eckermann 3, 90. 98 (28. März und 1. April 1827) ꝛc. Auch Schillers naive und sent. Dichtung (Idylle) H. 15, 540. 343 und „Über den moralischen Nutzen ästhetischer Sitten" ebenda S. 556 u. f. f. Eine eigentümliche Stellung zu diesen Gedanken Schillers und Goethes verleitete jedenfalls Carlyle zu der merkwürdigen — und leicht falsch zu verstehenden — Äußerung gegen Emerson (English Traits K. 17, S. 347): „Art and high Art is a favourite target for his wit. •Yes, Kunst is a great delusion, and Goethe and Schiller wasted a great deal of good time on it« — and he thinks he discovers that old Goethe found this out, and, in his later writings changed his tone." Wären die letzten Worte dieser Bemerkung nicht im Hinblick auf die Sprüche in Prosa, S. 147. 690 (vgl. unten) gesagt?

¹²¹) Latter-Day Pamphl. 270; Essays 2, 49; ebenda 2, 262; vgl. 2, 248. 249.

¹²²) Essays 3, 168; vgl. Schillers Darlegungen von der Schönheit, der Kunst, als „Harmonie" des ganzen Menschen, H. 15, 397. 403. 196. 197 ff.

¹²³) Über dieses „Sehnen" nach einem Höheren, Besseren und Unvergänglichen", nach einem „Höheren, Reineren, Unbekannten", dem das Paulinische Wort (Römer 8, 19 f.) zu Grunde liegt, vgl. Fichte wiederholt, u. a. 5, 203, 204, ferner Jean Paul und die Romantiker (vor allem Novalis). Dagegen die Angriffe Hegels gegen die „Sehnsüchtigkeit der Fichteschen Philosophie" und ihre Unkräftigkeit, Ästhetik 1, 87 (gegen Fichte); 1, 205 (gegen Novalis und 1, 529, 530 (als besondere Eigenschaft der Occidentalen).

¹²⁴) Vgl. 2, 20. 4, 48. 62: a loving heart is the beginning of all knowledge. This it is that opens the whole mind, quickens every faculty of the intellect to do its fit work, that of knowing etc. . . . the heart sees farther than the head — indeed without the seeing heart there is no true seeing for the head so much as possible; all is mere oversight, hallucination and vain superficial phantasmagoria; vgl. S. 140 ebenda ꝛc. Hier wäre der Punkt, auch über den stets bei Carlyle wiederkehrenden Begriff der „Insight" zu sprechen, indessen mag ein Hinweis genügen, auf Heroes Lecture 3 (S. 28· the power of Insight', the seeing Eye), ferner Froude 3, Kap 9, Tagebuch: but of Goethe etc. I will say the soul of all worth in these is still that same radiant, all-radiating insight etc.; und ebenda Brief an seine Frau vom 23. März 1842: the insights etc. etc. the real Force which in this world all things must obey, is Insight, Spiritual Vision and Determination, Essays (Death of Goethe) 4, 45. Das ganze Wort und der Begriff findet sich (nachdem er schon bei Gower, Spenser und Sir Phil. Sidney von Richardson belegt ist, weder in der englischen Bibel noch im Shakespeare, aber im Milton. (Abgesehen von der Stelle P. R. 3, 238, wo die ältesten Ausgaben in sight lesen (vgl. of Education Works, ed. Fletcher 101). „an universal insight into things" und Reason

of Church Gov. 2 Book Introd. (ed. Fletcher, S. 44): steady observation, insight into all seemly and generous arts and affairs etc. Bei Goethe fand Carlyle den Begriff vollständig ausgebildet vor, vgl. Eckermann I, 147: Die ganze Welt ist sein (des Dichters) Stoff, den er zu handhaben und auszusprechen verstehen muß. Aber der Dichter soll kein Maler sein wollen, sondern sich begnügen, die Welt durch das Wort wiederzugeben, sowie er dem Schauspieler überläßt, sie ... vor die Augen zu bringen. Denn Einsicht und Lebensthätigkeit sollen wohl unterschieden werden. Vgl. die von Sanders S. 1083a gesammelten Belege (die bei Grimm sehr unzureichend) aus Leibniz und Goethe.

125) Ein wichtiger Vergleich mit Schillers Worten in „Anmut und Würde," Hempel 15, 199 ff.

126) Heroes 21. Vgl. die oben aus den Sprüchen in Prosa gegebenen Citate; auch Essays (Diderot) 5,56.

127) Über Carlyles Stellung zur Musik vgl. Essays 7, 125; 7, 127 (the divinest of arts); L. D. P. 279. Vgl. auch seine Bemerkungen über Luthers Liebe zur Musik 3, 61; 2, 24 2c.

128) Über Carlyles platonische Ideen siehe oben. Ob er diese Idee mit durch Miltons Vermittlung übernahm oder nicht, läßt sich natürlich nicht bestimmen, und „Einflußnachweise," wie sie jetzt gern fast fabrikmäßig geliefert werden, sind stets mißlich — und führen zu geringer sachlicher Erkenntnis. Vgl. zur Sache Miltons 2. Prolusio Oratoria De Sphaerarum concentu, S. 846, ed. Fletcher, und die Bemerkungen Sterns im Leben Miltons I, 317.

129) Vgl. oben Anmerk. 124: „Radiant, all-radiating insight." Froude 3, Kap. 9, S. 231.

130) Ob ein Hieb auf Coleridge, Lamb, Hazlitt 2c.?

131) Vgl. die Worte im Essay über Schiller 3, 96: These latter sc. the common doings and interests of Men , mean as they seem are, boundless in significance; for every the poorest aspect of Nature, especially of living nature, is a type and manifestation of the invisible spirit that works in nature. There is properly no object trivial or insignificant: but every finite thing, could we look well, is as a window, through which solemn vistas are opened into Infinitude itself 2c. Diese Worte scheinen die Caroline Fox (Memories, Kap. 7, 1841) zu berechtigen, Dickens für den Hauptapostel der Carlyleschen Gedanken zu halten: That man is carrying out Carlyle's work more emphatically than any; he forces the sympathies of all into unwonted channels, and teaches us that Punch and Judy men, beggar children, and daft old men are also of our species, and are not, more than ourselves, removed from the sphere of the heroic; He is doing a world of good in every healthy way.

132) Essays 2, 48. Man vgl. sein Motto: Terar dum prosim, Froude I, Kap. XII.

133) Über die „schönen Künste" selbst vgl. L. D. P. 271: Ever must the Fine Arts be if not religion, yet indissolubly united to it, dependent on it, vitally blended with it as body is with soul.

134) Vgl. die Worte an Emerson, Works 346 (English Traits 16); ferner Froude 3, 72: I do not believe in Art; the deadliest of cants 2c.

Carlyles enge Beziehungen zu Ruskin — diesem hochinteressanten und doch dabei einseitigsten aller Ästhetiker (wir Deutsche hätten besonderen Grund, ihm böse zu sein, vgl. seine Bemerk. in den Modern Painters) würden, wenn einmal bekannt gegeben, viel Licht über seine Kunstanschauungen geben.

135) Latter-Day-Pamphlets 270 ff.

136) Life of Sterling 154; L. D. P. 273. Dies zeigt sich besonders in seinem Verkehr mit Sterling, dessen Hauptinteressen, man kann es wohl sagen, der Kunst, besonders der italienischen galten; vgl. die Gespräche der Caroline Fox mit Sterling in den Memories 2c.

137) Briefwechsel, S. 306. Daß ihm Kunstverständnis doch nicht so ganz fehlte, zeigt die feine Bemerkung im fünfzehnten ästhetischen Briefe über die Juno Ludovisi (H. 15, 393), ferner Anmut und Würde (Würde, H. 15, 216) und „An den Herausgeber der Propyläen" (H. 15, 793) und das daselbst von Malzahn gesammelte Material in der Anmerkung. Und auch die Briefe eines reisenden Dänen sind nicht nur Winckelmann Redivivus.

138) Vgl. Nicoll, S. 235 (den Bericht aus The World, Nov. 22, 1876) 2c.

139) Essays 4, 84.

140) The weightiest causes may be the most silent, Essays 2, 257 (vgl. 6, 45 2c.).

141) Essays 2, 255. On History. Carlyles Betrachtungsweise der Weltgeschichte und seine Anschauung über die Pflichten des Geschichtsschreibers berühren sich vielfach mit denen Wilhelm von Humboldts. Vgl. dessen Akademierede vom Jahre 1820: Über die Aufgabe des Geschichtsschreibers (Abhandlungen über Geschichte und Politik, 1868, S. 1 ff.): „Das Geschehene aber ist nur zum Teil in der Sinnenwelt sichtbar, das übrige muß hinzu empfunden, geschlossen, erraten werden; was dies Stückwerk verbindet ... bleibt der unmittelbaren Beobachtung entrückt. Sie kann nur die einander begleitenden und auf einander folgenden Umstände wahrnehmen, nicht den inneren, ursachlichen Zusammenhang selbst, auf dem doch allein auch die innere Wahrheit beruht.... Mit der nackten Absonderung des wirklich Geschehenen ist aber noch kaum das Gerippe der Begebenheit gewonnen.... Was man durch sie erhält, ist die notwendige Grundlage der Geschichte, der Stoff zu derselben, aber nicht die Geschichte selbst, dabei stehen bleiben, hieße die eigentliche, innere, in dem ursachlichen Zusammenhang gegründete Wahrheit einer äußeren, buchstäblichen, scheinbaren aufopfern, gewissen Irrtum wählen, um noch ungewisser Gefahr des Irrtums zu entgehen. Die Wahrheit alles Geschehenen beruht auf dem Hinzukommen jenes oben erwähnten, unsichtbaren Teiles jeder Thatsache, und diesen muß daher der Geschichtsschreiber hinzufügen. Von dieser Seite betrachtet ist er selbstthätig und sogar schöpferisch, zwar nicht, indem er hervorbringt, was nicht vorhanden ist, aber indem er aus eigner Kraft bildet, was er, wie es wirklich ist, nicht mit bloßer Empfänglichkeit wahrnehmen konnte. Auf verschiedne Weise, aber ebensowohl wie der Dichter, muß er das zerstreut Gesammelte in sich zu einem Ganzen verarbeiten. Es mag bedenklich erscheinen, die Gebiete des Geschichtsschreibers und Dichters sich auch nur in einem Punkte berühren zu lassen. Allein die Wirksamkeit beider ist unleugbar eine verwandte.... Die

Wahrheit des Geschehenen erscheint wohl einfach, ist aber das höchste, was gedacht werden kann. Denn wenn sie ganz errungen würde, so läge in ihr enthüllt, was alles Wirkliche wie eine notwendige Kette bedingt.... Der Geschichtsschreiber umfaßt alle Fäden irdischen Wirkens und alle Gepräge überirdischer Ideen; die Summe des Daseins ist, näher oder entfernter, der Gegenstand seiner Bearbeitung, und er muß daher auch alle Richtungen des Geistes verfolgen. Speculation, Erfahrung und Dichtkunst sind aber nicht abgesonderte, einander entgegengesetzte und beschränkende Thätigkeiten des Geistes, sondern verschiedne Strahlseiten derselben 2c."

142) „Der Geschichtsschreiber muß jede Begebenheit als Teil eines Ganzen darstellen," Humboldt, a. a. O., S. 4.

143) Essays 4, 58.

144) Essays 4, 82.

145) Essays 4, 82; 59 2c.

146) Essays 7, 724.

147) Essays 4, 54.

148) On Heroes 1. Das Wort „Hero-worship" fand Carlyle, wie zuerst Masson in seinen Vorlesungen (Carlyle, S. 96) ausspricht, in Humes Essays (siehe schon den Index der Essays; es ist dort aber einfach religionsgeschichtlich gemeint, wie Polytheismus u. s. f.). Daß Carlyle Humes Essays in Edinburgh las, siehe E. E. I, 146; vgl. zur Sache Goethe Spr. in Pr., Nr. 272 (S. 63, ed. Loeper): „Zu allen Zeiten sind es nur die Individuen, welche für die Wissenschaft gewirkt, nicht das Zeitalter. Das Zeitalter wars, das den Sokrates durch Gift hinrichtete, das Zeitalter, das Hussen verbrannte; die Zeitalter sind sich immer gleich geblieben." Nr. 141 (S. 41): „Die Wahrheit gehört dem Menschen, der Irrtum der Zeit an" (dazu vgl. Loeper, Nr. 393, 427); vgl. Eckermann 3, 162 (vom 11. März 1828): „Wie oft ein einziger Gedanke ganzen Jahrhunderten eine andre Gestalt gab, und wie einzelne Menschen durch das, was von ihnen ausging, ihrem Zeitalter ein Gepräge aufdrückten, das noch in nachfolgenden Geschlechtern kenntlich blieb und wohlthätig fortwirkte."

149) Aus der großen Zahl der doch nur untergeordneten Ankläger vgl. Mc Carthy Hist. 2, 277. 279; ferner die ganze Schrift des General Hamley, Th. C. besonders S. 22.

150) Vgl. Froude 3, 175; ferner Mc Carthys Hist. 5, 241, 242.

151) right is the eternal symbol of might, Froude 4, Kap. 33; vgl. die Misc. 6, 115, 139. 158; Latter-Day Pamphets 169; Past and Pres. 164 2c.

152) For it is not mendacities but veracities Eternal Powers will patronise, Frederick the Grt. 8, 256. Das erklärt mit seine herrlichen Worten über den deutsch-französischen Krieg. Vgl. Kingsleys Worte über den Krieg: Verily God is just, and rules, too, whatever the press may think to the contrary, Life 2, 335.

153) Heroes 33, 34. 38.

154) Essays 4, 213. On History again.

155) Kingsley, Alton Locke S. 88; vgl. Froude III, Kap. 1.

156) Vgl. Schillers Brief an Goethe vom 5. Mai 1797 (Nr. 308, I, 252): „Wie er die Poesie und die Geschichte mit einander vergleicht und jener die

größere Wahrheit als dieser zugesteht, das hat mich auch sehr von einem solchen Verstandsmenschen erfreut."

¹⁵⁷) H. 2, 344 (der 1. Ausg.; der 2.: 3, 92); damit zu vergleichen aus dem Divan 4, 91 (H. 5, 15, 4):

> Wer nicht von dreitausend Jahren,
> Sich weiß Rechenschaft zu geben,
> Bleib im Dunkeln, unerfahren,
> Mag von Tag zu Tage leben.

Damit in direktem Widerspruch stehen allerdings Sprüche in Prosa in Nr. 354. 355 (bei letzterem fällt einem Carlyles Essays 5, 133 [Diam. Neckl.) ein: What did the Whigs say of it? What did the Tories? The Priests? The Freethinkers? Above all, What will my own listening circle say of me for what I say of it? And then Respectability in general ... „the dignity of History"!)

¹⁵⁸) Sartor 185 (vgl. Essays 2, 48).

¹⁵⁹) „Die Welt brauchte ›allerdings‹ nicht bis zum neunzehnten Jahrhundert zu warten, um von Carlyle diese Lehre zu vernehmen", wie Mc Carthy höhnend ausspricht (Hist. 2, 280), aber wir glauben trotzdem, daß die Welt von Zeit zu Zeit diese Lehre zu vergessen pflegt. — Mr. Mc Carthy und seine Geschichtsdarstellung nicht ausgenommen.

¹⁶⁰) Dieser Satz ist sokratisch, vgl. Xenophons Memor. 3, 9, 4, 4, 6, 8.

¹⁶¹) Essays 4, 19; 4, 24; 4, 45.

¹⁶²) Dieser negative Ausgangspunkt ist höchst bezeichnend für den von dem Knorschen Christentum schon in frühester Jugend beeinflußten Sinn Carlyles; nicht das herrliche griechische Ideal, nicht die Harmonie des Sinnlichen und Sittlichen im Schönen, sondern der Kampf und schließlich der ernste Sieg des Sittlichen über das Sinnliche — die Arbeiten des Herkules, ohne die endliche Vereinigung mit Hebe — das ist Carlyles ernstes und auf den ersten Anblick düsteres Lebensbild. Wir haben in der Einleitung nicht zu viel gesagt, wenn wir behaupteten, daß Carlyle auf die Dauer nie in seinem Leben glücklich war und setzen seine Lebenserfahrung und Weltanschauung in enge Verbindung.

¹⁶³) Past and Pres. 132.

¹⁶⁴) Essays 5, 56.

¹⁶⁵) Essay, On Goethe 4, 48.